思想的・睿智的・獨見的

# 經典名著文庫

**學術評議**



策劃 **楊榮川**

五南圖書出版公司 印行

# 經典名著文庫

## 學術評議者簡介（依姓氏筆畫排序）

- 丘為君　美國俄亥俄州立大學歷史研究所博士
- 吳惠林　美國芝加哥大學經濟系訪問研究、臺灣大學經濟系博士
- 宋鎮照　美國佛羅里達大學社會學博士
- 林玉体　美國愛荷華大學哲學博士
- 邱燮友　國立臺灣師範大學國文研究所文學碩士
- 洪漢鼎　德國杜塞爾多夫大學榮譽博士
- 孫效智　德國慕尼黑哲學院哲學博士
- 秦夢群　美國麥迪遜威斯康辛大學博士
- 高明士　日本東京大學歷史學博士
- 高宣揚　巴黎第一大學哲學系博士
- 張光宇　美國加州大學柏克萊校區語言學博士
- 張炳陽　國立臺灣大學哲學研究所博士
- 陳秀蓉　國立臺灣大學理學院心理學研究所臨床心理學組博士
- 陳思賢　美國約翰霍普金斯大學政治學博士
- 陳清秀　美國喬治城大學訪問研究、臺灣大學法學博士
- 陳鼓應　國立臺灣大學哲學研究所
- 曾永義　國家文學博士、中央研究院院士
- 黃光國　美國夏威夷大學社會心理學博士
- 黃光雄　國家教育學博士
- 黃昆輝　美國北科羅拉多州立大學博士
- 黃政傑　美國麥迪遜威斯康辛大學博士
- 楊維哲　美國普林斯頓大學數學博士
- 葉海煙　私立輔仁大學哲學研究所博士
- 葉國良　國立臺灣大學中文所博士
- 廖達琪　美國密西根大學政治學博士
- 劉滄龍　德國柏林洪堡大學哲學博士
- 黎建球　私立輔仁大學哲學研究所博士
- 盧美貴　國立臺灣師範大學教育學博士
- 薛化元　國立臺灣大學歷史學系博士
- 謝宗林　美國聖路易華盛頓大學經濟研究所博士候選人
- 簡成熙　國立高雄師範大學教育研究所博士
- 顏厥安　德國慕尼黑大學法學博士

經典名著文庫124

# 人類理智研究

## An Enquiry Concerning Human Understanding

---

休　謨 著
（David Hume）
黃懷萱 譯

# 經典永恆・名著常在

## 五十週年的獻禮・「經典名著文庫」出版緣起

總策劃 楊榮川

五南，五十年了。半個世紀，人生旅程的一大半，我們走過來了。不敢說有多大成就，至少沒有凋零。

五南忝爲學術出版的一員，在大專教材、學術專著、知識讀本出版已逾壹萬參仟種之後，面對著當今圖書界媚俗的追逐、淺碟化的內容以及碎片化的資訊圖景當中，我們思索著：邁向百年的未來歷程裡，我們能爲知識界、文化學術界做些什麼？在速食文化的生態下，有什麼值得讓人雋永品味的？

歷代經典・當今名著，經過時間的洗禮，千錘百鍊，流傳至今，光芒耀人；不僅使我們能領悟前人的智慧，同時也增深加廣我們思考的深度與視野。十九世紀唯意志論開創者叔本華，在其〈論閱讀和書籍〉文中指出：「對任何時代所謂的暢銷書要持謹慎的態度。」他覺得讀書應該精挑細選，把時間用來閱讀那些「古今中外的偉大人物的著作」，閱讀那些「站在人類之巔的著作及享受不朽聲譽的人們的作品」。閱讀就要「讀原著」，是他的體悟。他甚至認爲，閱讀經典原著，勝過於親炙教誨。他說：

「一個人的著作是這個人的思想菁華。所以，儘管一個人具有偉大的思想能力，但閱讀這個人的著作總會比與這個人的交往獲得更多的內容。就最重要的方面而言，閱讀這些著作的確可以取代，甚至遠遠超過與這個人的近身交往。」

爲什麼？原因正在於這些著作正是他思想的完整呈現，是他所有的思考、研究和學習的結果；而與這個人的交往卻是片斷的、支離的、隨機的。何況，想與之交談，如今時空，只能徒呼負負，空留神往而已。

三十歲就當芝加哥大學校長、四十六歲榮任名譽校長的赫欽斯（Robert M. Hutchins, 1899-1977），是力倡人文教育的大師。「教育要教眞理」，是其名言，強調「經典就是人文教育最佳的方式」。他認爲：

「西方學術思想傳遞下來的永恆學識，即那些不因時代變遷而有所減損其價值的古代經典及現代名著，乃是眞正的文化菁華所在。」

這些經典在一定程度上代表西方文明發展的軌跡，故而他爲大學擬訂了從柏拉圖的《理想國》，以至愛因斯坦的《相對論》，構成著名的「大學百本經典名著課程」。成爲大學通識教育課程的典範。

歷代經典．當今名著，超越了時空，價値永恆。五南跟業界一樣，過去已偶有引進，但都未系統化的完整舖陳。我們決心投入巨資，有計畫的系統梳選，成立「經典名著文庫」，希望收入古今中外思想性的、充滿睿智與獨見的經典、名著，包括：

- 歷經千百年的時間洗禮，依然耀明的著作。遠溯二千三百年前，亞里斯多德的《尼各馬科倫理學》、柏拉圖的《理想國》，還有奧古斯丁的《懺悔錄》。
- 聲震寰宇、澤流遐裔的著作。西方哲學不用說，東方哲學中，我國的孔孟、老莊哲學，古印度毗耶娑（Vyāsa）的《薄伽梵歌》、日本鈴木大拙的《禪與心理分析》，都不缺漏。
- 成就一家之言，獨領風騷之名著。諸如伽森狄（Pierre Gassendi）與笛卡兒論戰的《對笛卡兒沉思錄的詰難》、達爾文（Darwin）的《物種起源》、米塞斯（Mises）的《人的行爲》，以至當今印度獲得諾貝爾經濟學獎阿馬蒂亞・

森（Amartya Sen）的《貧困與饑荒》，及法國當代的哲學家及漢學家余蓮（François Jullien）的《功效論》。

梳選的書目已超過七百種，初期計劃首爲三百種。先從思想性的經典開始，漸次及於專業性的論著。「江山代有才人出，各領風騷數百年」，這是一項理想性的、永續性的巨大出版工程。不在意讀者的眾寡，只考慮它的學術價值，力求完整展現先哲思想的軌跡。雖然不符合商業經營模式的考量，但只要能爲知識界開啓一片智慧之窗，營造一座百花綻放的世界文明公園，任君遨遊、取菁吸蜜、嘉惠學子，於願足矣！

最後，要感謝學界的支持與熱心參與。擔任「學術評議」的專家，義務的提供建言；各書「導讀」的撰寫者，不計代價地導引讀者進入堂奧；而著譯者日以繼夜，伏案疾書，更是辛苦，感謝你們。也期待熱心文化傳承的智者參與耕耘，共同經營這座「世界文明公園」。如能得到廣大讀者的共鳴與滋潤，那麼經典永恆，名著常在。就不是夢想了！

二〇一七年八月一日　於

五南圖書出版公司

# 導讀

國立清華大學哲學研究所教授兼所長　陳思廷

## 1.《人類理智研究》的哲學計畫：奠基在「觀察」與「經驗」的哲學改造計畫

大衛．休謨（David Hume, 1711-1776）是在出版《人性論》（*A Treatise of Human Nature*）的第一卷〈論理智〉（*Of the Understanding*）與第二卷〈論情感〉（*Of the Passions*）的大約九年後，於一七四八年出版《人類理智研究》。雖然後世的哲學家與哲學史家時常在爭論：「在這兩本著作之中，休謨自己究竟較滿意哪一本？」；但是，哲學界目前普遍接受的看法是：休謨寫作《人類理智研究》的主要目的是想讓《人性論》的第一與第二卷所揭櫫的哲學改造計畫，以更容易被理解的方式介紹給學界。[1]《人性論》的哲學改造計畫是什麼呢？

《人性論》的第三卷〈論道德〉（*Of Morals*）於一七四〇年出版，與前兩卷共同構成了一項奠基在「觀察」與「經驗」的哲學改造計畫。根據當代學者的研究，休謨哲學的內涵至少應包含了以下兩個面向：批判的與建設的面向（critical and constructive phases）；這兩部分的內涵，缺一不可，若是只強調其中任一部分，就會導致對休謨的哲學進行片面的解讀。[2]就批判的面向而言，休謨哲學的主要攻擊目標是中世紀經院哲學以降以至當時喜以「假定的」（hypothetical）形上學預設進行哲學論述的「思辨哲學」（speculative philosophy）傳統。這些思辨哲學宣稱「人類理性」（human reason）可以發現一些「超越經驗的」或「超驗的」（transcendental）原理與原則，在這些原理與原則的基礎上，可以**演繹推導**出一些深奧且確定的知識，讓我們得以對這個世界的「終極實在」（ultimate reality）有更深刻的理解。但是，休謨認爲，由於思辨哲學企圖藉由超乎我們感官經驗能夠企及的原理與原則來保證推論的確定性，我們也就因此無法憑藉我們經由感官經驗所獲得的「理性或理智」（reason or understanding）來斷定這些推論的確定性；換言之，我們的理性或理智根本「無法理解」（unintelligible to）這些超驗的原理與原則是否具有確定性，更遑論我們能夠判斷這些推論的眞僞。據此，休謨認爲人類理性不僅非無所不能，甚至就判斷某些類型的推論之確定性的能力方面，更有其侷限性。在這項認知的基礎上，休謨著手進行了他的哲學改造計畫：首先，休謨要先確認出人類理性能力的限度究竟爲何；以及在這個限度下，人類可以如何藉由自身所具有的有限理性能力之本性所造就的理智，來認知這個世界。

在以上批判的基礎上，休謨的哲學開始進入了建設的階段。休謨的建設性哲學面向的效法對象，實際上就是當時的大科學家艾薩克·牛頓（Isaac Newton, 1643-1727）。自從十六世紀中期哥白尼發表《天體運行論》以降，歷經克卜勒、伽利略等這些造就科學革命的科學家之努力，見證了人類藉由先進設備如望遠鏡之助，經由觀察與經驗的積累，逐步掌握與建構了關於宇宙與人類自身居住的地球之知識。在牛頓之前，科學家雖然可以藉由觀察與經驗建構出許多有關我們自然世界的科學知識，但是這些知識都看似各自獨立，呈現零散的知識樣態。一直要等到牛頓提出了萬有引力定律與物體運動的三大定律之後，才將這些零散的科學知識，整合成一套有系統的知識體系。休謨的哲學改造計畫之**要義**就在於：驚羨於牛頓能將自然世界的零碎知識統一於簡潔的科學定律之下，休謨便思索與人類事務之知識有關的「道德科學」（moral science）或人文科學，是否也能藉由觀察與經驗之助，**歸納推導**出類似於萬有引力定律之於自然科學的人文科學之定律，以便建構一套關乎人文科學的統一知識體系。③

著名的當代英國邏輯實證論哲學家艾爾（A. J. Ayer, 1910-1989）曾指出：休謨的哲學事實上是從人類心靈認知或理解的本質出發，企圖建立一套——誠如其《人性論》的附題所標識的——「人類事務的實驗推理方法」，以便能對人類活動的諸項事務提出分析。相對於以往學者只著重描繪休謨學說的批判性面向，將其刻劃爲一位懷疑論者；艾爾認爲休謨的學說有其明確的目標與方法，旨在爲哲學進行**改造的工程**。④基於以上的說明，或許我們可以這麼認爲：休謨撰寫《人類理智研究》的目的主要就是爲了要闡明與宣揚在《人性論》的第一與第二卷之中沒有表達得很好的上述要義與改造工程。

## 2. 西方近代哲學發展以降的核心知識論議題：我們如何能夠獲得知識的確定性？

自笛卡兒以降，西方近代哲學發展中所一直關心的焦點就是：我們如何能夠獲得知識的確定性。笛卡兒在《第一哲學沉思集》裡所進行的對知識確定性的探問，就是休謨所反對的典型思辨哲學式之推論。在著名的六項沉思之中，笛卡兒在第一沉思中首先詰問：我們如何能確定我們目前所感受到的一切訊息是眞實的呢？他要我們想像我們或許一直生活在夢境之中，眼前所見的一切都是發生在夢境之中，與眞實世界無關，然而我們就是無法分辨出夢境與眞實——這就是所謂的「夢境論證」（dream argument）。但是，容或這項論證撼動了我們感官知識的確定性，這項論證還是預設了有一個眞實世界存在，得以與夢境世界進行比對。笛卡兒要我們想像一個更極端的狀況：假定有一個極端邪惡的魔鬼，在我們每次想要藉由我們的感官獲得有關外在世界的知識之時，這個魔鬼就介入我們的思考裡，將我們的思想捏造成它所要我們認知的樣貌。因此，我們目下所見盡是魔鬼所捏造的景象，不僅與眞實世界無關，甚至有可能根本就不存在著眞實世界，只是魔鬼讓我們一直誤以爲存在著一個充滿著各種事物的眞實世界——這就是所謂的「惡魔論證」（demon argument）。這項論證對我們藉由感官經驗所獲得的有關外在世界的知識之確定性，具有絕對的破壞性；因爲這項論證不再需要預設一個眞實世界的存在。在摧毀了我們所有有關外在世界知識的確定性之後，我們還能夠獲得什麼樣的知識之確定性呢？笛卡兒在第二沉思——我思論證（cogito argument）——裡展開了他的反攻計畫：容或魔鬼能極盡所能的操縱我的思維；然而，在這操縱之間，有一件事卻是很確定的——亦即，在這世界裡，至少要存在著一位被魔鬼操縱著的我在思維著！換言之，只要我在進行思考，我就必定存在著——因此，我思故我在！

但是，第二沉思裡所捕捉到的知識，充其量也只不過是有關自我的主觀知識而已；而這些主觀知識的確定性之獲得是源自於殆無疑義的思考主體自身之存在。接下來更重要的問題是：從這項確定的自我知識出發，我們如何能夠擴展到外在世界去獲得有關外在世界的確定知識呢？笛卡兒深知我們的感官經驗不足恃，因此他在第三沉思中提出了著名且飽受批評的「因果論證」（causal argument），企圖爲我們有關外在世界的知識提供確定的基礎：人的內心常常會擁有著至善的概念，這項概念是如此完美以致於它幾乎不可能是由人類的心靈所自己創造出來的；因此，這項概念的產生必定有一個原因，而這個原因本身也必定是完美的。據此，我們可推論：人類心中至善存有的概念必定是由一個眞實存在的至善存有——亦即，上帝——所賦予的。在第四與第五沉思之中，笛卡兒提出另一項頗受爭議的「本體論證」（ontological argument）：根據定義，上帝是所有完美的總和，而任何事物的存有本身就是一項完美；因此，就如同「三角形的內角和是一百八十度」這項事實不能夠與「三角形的本質」分離，「任何事物的存有」這項事實也不能夠與「上帝的本質」分離。然而，我們如何能夠獲得有關這些外在世界事物存有的知識呢？笛卡兒認為，如果我們能夠善用上帝所賦予我們的理性能力，我們就能夠透過清晰明辨的知覺以避免推論的錯誤，並進而推導出有關外在世界事物的確定知識。

很明顯的，在笛卡兒的論證體系裡，上帝扮演了一項至為關鍵的角色：笛卡兒藉由認定「上帝（及其存有）為人類認知之確定性提供了保證」這項預設，才能夠透過思辨的方式，將人類有關自我知識的確定性過渡給人類有關外在世界的知識。換言之，當被問及：「我們如何能夠獲得知識的確定性？」時，笛卡兒會回答：「我們能夠獲得知識確定性的保證來自於上帝（及其存有）」。但是，緊接著一項至關緊要的問題是：「『上帝（及其存有）』是笛卡兒論證的預設，笛卡兒如何能確定這項有關『上帝（及其存有）』的預設是正確的呢？」。

## 3.《人類理智研究》所進行的哲學議題轉換：從「我們如何能夠獲得知識的確定性」轉換至「我們所能達到的知識確定性為何」

為了論證「上帝（及其存有）」這項預設的正確性，笛卡兒認為我們要善用上帝賦予我們的理性能力，透過清晰明辨的知覺以正確推導出這項預設。但是，當被問及「我們如何能夠確定這些清晰明辨的知覺是正確的呢？」這項問題時，笛卡兒在回覆他的論敵的答辯中，是如此回應的：當我們認爲這些清晰明辨的知覺給予我們確定的感覺是如此地強烈，以致於我們實在不可能有任何的理由來懷疑與反駁這些知覺時，我們就不得不接受這些知覺是正確的。⑤然而，當笛卡兒以這樣的方式來回應這項疑問時，其實他在某個程度上已經從爲外在世界的知識尋找絕對確定基礎的**理性論**立場撤退下來，轉而擁抱約一百年後休謨的**經驗論**之知識論立場。

對休謨而言，一項論證的結論若是奠基在超乎我們感官經驗的能力所能企及的前提或預設之上的話，則該項結論就如同架設在不穩固的泥沼上，隨時可能崩塌。以休謨的標準來看，笛卡兒有關外在世界的知識之確定性的結論，即是奠基在我們人類理性所無法企及的「上帝之存有」的超驗前提或預設之上；因此，若遵循笛卡兒的論證，那麼就無怪乎我們總是會懷疑我們有關外在世界的知識具有確定性。基於人類的理性受限於我們的感官經驗這項體認，休謨認爲，與其追問「我們如何能夠獲得知識的確定性」，倒不如在接受「人類理性受限於感官經驗」的前提下，將我們的探究焦點轉向詢問：「我們所能達到的知識確定性爲何？」

基於針對探究焦點轉換的覺察，休謨遂藉由《人類理智研究》之撰寫，逐步執行了如下的哲學改造工程之程序：從摒除自形上學預設出發的思辨哲學開始，接著承認與接受人類理性受限於感官經驗的有限性，並改從觀察與經驗出發，以試圖描繪人類如何受感官經驗的影響，繼而形塑了人類自身的認知傾向，並探究在這項認知傾向的基礎上，人類如何在受限於感官經驗的理性能力之下，展開了與外在世界事物有關的知識之探求。

在《人類理智研究》的第二章裡，休謨指出：人類藉由直接的感官經驗，獲得了「印象」（impressions）；在印象的基礎上，藉由記憶與想像的作用，人們可獲得「觀念」（ideas）。印象與觀念的不同在於：人們所感受到的印象之「鮮活性」（vivacity）比觀念的鮮活性要來得強烈。人類的心靈運用合成、轉置、放大、縮小、混合、分離、與分割這七項運作方式，形成了各式各樣的觀念。我們的理智所能夠掌握的前提就是包含印象與各式觀念的「感覺或感官知覺」（sensations or sensory perceptions）。在第三章之中，休謨指出：思想是藉由眾多觀念以下列這些的形式——相似性、時空的緊鄰性、與「因果關係」（causation）——結合而成，人類進行推理所憑恃的就是這些推動思想活動的元件，尤其是因果關係。

我們可以想想我們是如何來理解撞球的遊戲。當我們第一次實際觀看某選手將白球敲擊出去，讓它去撞擊紅球時，在這項觀察的基礎上，我們瞬間形成了有關白球的印象與紅球的印象的認知。假定我們連續觀察了此選手九次的敲擊動作，我們就有了九次的白球印象與九次的紅球印象，那麼當此選手進行第十次的敲擊時，在我們看到白球被選手敲擊出去後，我們在還沒有看到紅球被撞擊前，我們可能就會脫口而出說道：「待會兒，紅球就會以類似前面九次的方式被撞擊出去！」我們是如何能作出這樣的敘述呢？我們脫口而出的敘述，其實就是經過推理之後所得出的結論。問題是：我們是如何進行這項推理的呢？我們其實就是在前面九次類似案例裡的兩個印象——亦即，白球印象與紅球印象——之間的「規律關聯或恆常連結」（regular association or constant conjunction）的基礎上，逐漸形成了我們認知上的「傾向、習慣或習性」（tendency, custom or habit）而具有了相對應的紅球觀念；因而，縱使我們還未實際看到紅球被撞擊出去，我們還是能夠因爲掌握了相應的紅球觀念，繼而作出有關第十次案例裡紅球將被撞擊出去的結論（或預測）。⑥

很明顯的，休謨的因果關係之內涵包括了兩項要件：⑴兩個觀念之間的規律關聯或恆常連結；與⑵在這連結的基礎上，所形成的認知傾向、習慣或習性。休謨認爲，就如同我們對於撞球遊戲的理解，我們對於很多人類事務的理解，其實都是奠基在因果關係的基礎上來進行推理與理解。誠如休謨在《人類理智研究》的第四章所指出：

要是詢問關於人們所推論的一切本質究竟是什麼？正確的答覆大概是所有推理都是根據因果關係而來。若再進一步詢問這種關係的所有推論以及結論是從哪裡來的？可以用一句話來回答，就是透過「經驗」。我們要是追根究底，再問經驗又是從哪裡來的（又以什麼作爲基礎）？這就包含了一個新問題，它的解決方式及解釋較爲困難。哲學家自認具有過於常人的智慧跟充分的知識，可是他們一旦遇到喜歡追根究底的人，就很難應對：因爲這種喜愛追問的人，看到哲學家躲在角落就會追趕他們，到更過分一點的情況，必定會讓哲學家們處於一個非常危險的兩難位置。要避免這種情形，就必須要十分謙虛務實，或最奇妙的是自己先揭露感到爲難的地方，不必等到追問者來刁難並提出反對的證據。

就如同牛頓在自然世界裡發現了萬有引力定律，可以爲各種自然現象提供一項統一的解釋；因果關係就是休謨用來解釋各式人類事務的萬有引力定律。誠如引文裡面所指出的，人類是在觀察與經驗的基礎之上，獲得這些得以用來解釋人類事務的因果關係。人類在探究外在世界的知識所能夠憑藉的就只是感官經驗，若超出感官經驗所能夠企及的領域，縱使是睿智如哲學家者，也都不應該再多說些什麼，因爲人類理性應該在感官經驗的監督下運作，這就是人類理性所能夠達到的限度，也是我們的知識所能達到的確定性之限度。當代的著名休謨研究學者史卓德（Barry Stroud, 1935-2019）曾指出：休謨的主要貢獻是在其著作之中提出一種具有原創性質的「自然主義方案」（naturalistic program），史氏認爲休謨以這項方案爲基礎，企圖建立一門「人性的科學」（science of human nature）。[7]史卓德所謂的自然主義方案指的是：休謨認爲有關人類事務的敘述，包括道德敘述，都是在表達事實，這些敘述透過世界的客觀特徵予以呈現，藉由如此的方式呈現，有關這個世界的人類事務就可以化成爲一些經驗事實，而得以被判斷眞僞。在史卓德這項特徵描述的基礎上，我們的確可以認爲休謨想要在《人類理智研究》之中所成就的，在一方面，就是要爲學界**批判性地消除**不以感官經驗爲據的傳統思辨哲學之不良影響；在另一方面，就是要**建構與闡明**一套有關人類事務的實驗推理方法。

**【注釋】**

① 有關《人性論》與《人類理智研究》兩本著作之間的關係，請參閱：Morris, William Edward and Brown, Charlotte R., Section 2: The Relation between the *Treatise* and the *Enquiries* of entry of "David Hume", *Stanford Encyclopedia of Philosophy* at: https://plato.stanford.edu/entries/hume/#PhiPro。

② 有關休謨哲學的特性是屬於批判性或建設性的爭論，請參閱：同上，Section 3: Philosophical Project of entry of "David Hume"。

③ 有關休謨以牛頓之科學方法為研究方法典範的更詳細說明，請參閱：同上，Section 3: Philosophical Project of entry of "David Hume"與Stroud, Barry, 1977, *Hume*, 'Chapter 1: The Study of Human Nature', London and New York: Routledge, pp. 1-16。

④ 艾爾的詳細說明，請參閱：A. J. 艾爾著，一九八三，〈第二章：目標與方法〉，《休謨》，李瑞全譯，臺北市：聯經出版事業公司。（原書：Ayer, A. J., 1980, *Hume,* Oxford, UK: Oxford University Press.）

⑤ 有關此處笛卡兒回應的詳細內容，請參閱：勒內・笛卡兒著，二〇一八，〈〔第二組反駁〕的笛卡兒答辯〉，《沉思錄》，龐景仁譯，臺北市：野人文化股份有限公司。（此處的《沉思錄》即本文第二節之中所提及的《第一哲學沉思集》〔*Meditations on First Philosophy*〕）

⑥ 撞球的例子，原出處在：Hume, David, 1740 (1978), "An Abstract of Treatise of Human Nature," in Lewis A. Selby-Bigge and Peter H. Nidditch (eds.), *A Treatise of Human Nature*. Oxford, UK: Clarendon Pres, pp. 649-652。

⑦ 請參閱：Stroud, Barry, 同上，'Chapter 1: The Study of Human Nature', London and New York: Routledge, pp. 1-16。

# 目次

# 第一章　關於各種哲學

道德哲學，或者又稱為人性哲學，可以用兩種方式探討。這兩種方式都有各自的特長，但都能培養心性、提供指引以及改善人性。第一種，認為人大多是為了能有所作為而活著，而一切的行為由我們的體會和感受所引導。至於我們對事物的看法，透過觀察事物本身所擁有的價值，以及對事物的見解有所不同，因此產生想要追求它、或者是遠離它的行為。由於美德普遍被認為是世間最具有追求價值的事物，崇尚美德這派的哲學家，常以最絢麗的色彩替美德上色、作畫，又怕這些方式仍然不足以宣揚美德的美好，更以詩歌和精心雕琢的語言、文章，弘揚美德的良善，要讓大眾能夠看見其中美好的想像，產生最為真切的感受。為了達到這樣的效果，此類哲學家從日常生活蒐集事物和範例，利用萬物相對的特性，以適當的對比方式並陳兩種截然不同的事物，例如：美德與罪行、慷慨與小氣；如此的循循善誘，讓人們認為追尋美德是多麼充滿光榮與歡樂，並且利用最響亮的格言和生動的譬喻，引導眾人走入一條為善的道路。這種方式讓人們深深知道善惡的區別，也激發和調整我們所擁有的信仰及感受，然後他們認為這樣總算能達到他們辛苦經營的目的——使人們潛心向善。

另外一類的哲學家，採用第二種方式探究人性學。他們堅信喜愛有所作為的人是少的，愛談論理性的人才是多的，因此應著重討論人們本身的悟性和理智。所以比起改善作為，重塑個人的思考方向更為重要。這派哲學家，認為人性是作為一種思辨的主題，藉由詳細的觀察，找出符合多數模式的規律和原理，用來調整我們的理智，激發出我們的情操，然後被用以譴責或是贊同他人的作爲、舉動。這類哲學家，對於現今哲學中還未能規定道德、推理以及批判的基礎層面，如此的爭論尚未有定論，而且還演變爲整天論是非、正邪、眞假，辯論眞僞、善惡以及美醜等議題，不去從根本面解決之所以產生這些主題有所區別的源頭，他們認爲這完全是討論學問的一種恥辱。正因如此，當這些哲學家嘗試進行這麼艱難的工作時，並不會因爲遇到任何困難而停下思考的腳步，從特定的例子到普及的原則，他們把哲理疑問推向更深入的思考，不到獲得更爲普遍的定理就不會停下、感到滿足，直到能推及至原始的理論。那正是由於不論在任何一種科學之中，人類因好奇心驅使所追求的問題源頭，也就因爲能獲得其中的原理而停止了。雖然這類哲學家推測的方法看似抽象，對普羅大眾而言很難心領神會，但是他們這麼做的目的，是想要迎合深入這番學問的研究者，或是獲得智者們的青睞。像這樣能夠揭露出隱密的眞理，提供給後人知道，也就不枉費他們苦心思考時所耗費的精力了。

一般來說，大眾想知道的當然是清楚又易懂的哲學，比較不喜歡思慮周密並且抽象的學問。多數人都認爲，這種易理解的哲學不只是符合個人偏好，也比較實用。它和日常生活更相近，合乎人性以及人情，能夠使多數人有所體悟，進一步端正自身的行爲。至於抽象一派的哲學，是從人性的源頭來探討，討論的內容更是涉及思辨的理路等，是一種趨向，不能實際運用於分辨事理或是行爲之中，這類哲學一旦脫離隱密的暗處，被攤在陽光之下，很快就會見光死了，更何況許多哲理不能保留它的本質而被應用於人的行爲和動作！人心的感受、情欲的騷動、感覺的熱烈，都會推翻掉這些哲學家的一切結論，就算是思想深奧的哲學家，最後也會變回一般人。

簡單的哲學，說得直白一點，既享有盛名又延續得久；抽象又深奧的哲學，擁有的不過是短暫的名聲。這是因爲當代的世人多半對於不理解的道理感到好奇，並且由於無知而使這些深奧的學理獲得稱讚，但經過後人公正的評斷後，名聲就不可能留下來。一位思路深遠、探究抽象理論的哲學家，經常很容易就陷入難解的推理演繹方式，造成走錯一步，接下來每個步驟也就跟著錯了，並且全然不知道，還試著用如此方式去推求想獲得的結論。等到他們獲得結論時，雖然可能已經察覺到奇怪的地方，又或者聽到跟它相反的輿論，但是也不會改變他先前得到的結論。至於前面所提，另外一派的哲學家，因爲追求的是用華麗的色彩加以描繪，所以偶爾產生推論有誤的情況，就不會再進一步推理，而是會重新根據常理和順應人情的本性及情操，回歸到正道，再次處於穩固的詮釋之中，不會受到危險的奇想影響。舉古代哲學家爲例，西塞羅[1]的聲望到了現在還是存在；而亞里斯多德[2]則是沒沒無聞。拉·布魯耶[3]聲名遠播，至今依然有名；馬勒布朗士[4]只在他的國家及所處的時代出名。至於時代離我們較近一點的艾迪生，[5]他的著作仍有忠實讀者；而洛克[6]的作品倒是都被世人給遺忘了。

一位純粹的哲學家，一般人大概都沒有好感，他們跟大眾脫節以致於無法往來，沉浸於世人無法理解的哲理和想法之中，就好像被這些理論所困住，而且對於社會並沒有任何實質的貢獻，也無法讓人感到歡快。但另一方面，如果是一位毫無知識的俗人，就更被眾人看不起了。當代社會是一個講求學習求證的時代，要是完全不嘗試接觸，就會被視爲毫無教養。因此最爲世人稱頌的一種，應該要介於這兩種極端之間，保有對於書籍、人際交往及行事的同等能力；與人談話之間，要具備讀書人的見解和雅致；行事作爲則要依循恰當、自然的哲學理論，需要保持正直跟準確。若是想要培育擁有這類人格的人，最好的方式就是撰寫出一篇通論，既不需要過多的人生閱歷來支持，也不需要花費許多心思精神，就能讓人理解。學成以後，可以立即用在大眾的面前展現，具備高貴的情操、充滿智慧的話語，面對外在世界已經遠遠足夠了。要是有這樣一本著作，那麼道德論這類哲學思想，就變得更加可親，科學也變得適意，更可以幫助交際往來，即便是拿來反省自身，也足富樂趣了。

人類原本就是具有理性的生物，既然如此，從科學中獲得適當的食物和滋養是理所當然的；只是人理解的範圍本來就比較狹窄，從理解當中所獲得的，無論所獲得的程度高低，以及對成功的把握是否可靠，都很難令人感到滿意。人類不僅僅是具有理性的生物，同時更是社會的生物。但人卻不能常常如意，也就是無法想要就能獲得，無法獲得和諧及美妙的人際交往關係。人也是一種行動的生物，因爲有著行動這樣的特性，又由於爲了維持生命的各式需求，我們必須生活在從事工作這類緊湊事情的情況下，但是我們心靈又十分需要能夠賴以慰藉的事物，不能總是奉獻心力在工作上。這麼看來，人們的天性指出哲學提供一種合適的綜合思維，並且暗中地提醒我們不要過於陷入任何一種偏向思考，以致於使我們無法適應於其他的職業和娛樂。自然告訴我們：「將你的熱情沉浸在知識之中，但是要追求與人相關的知識。過於抽象和深邃難懂的思想，我禁止你們追尋；如果你們非要這麼做，我會用使它帶來無止盡的煩思苦想纏繞於你們的腦海，而且當你們對眾人發布這樣的理論時，他們將以冷淡相待作爲懲罰。你們想成爲一位哲學家沒有什麼不可以，可是切記不要失去做爲人的天性。」

要是眾人就這麼安逸於容易的哲學，而不追求深奧難懂的哲理、也不會蔑視，那麼遵從眾人的輿論，也無不可。任憑各人享受他所喜愛的那種嗜好或情操，也沒有什麼好反對的。只是常常有過頭的人，甚至是絕對丟棄掉所有深奧道理（形而上學）的那種人。所以在這裡我將試著討論有哪些合理的看法和理論，可以替這種深奧的哲學加以辯論的。

首先，從精密而抽象的哲學中，可以獲得一種頗大的利益，也就是這種哲學適合較爲簡單並且是與人相關的哲學。要是沒有第一類的哲學，也就永遠無法完整獲得關於第二類哲學所論述的情感、格言和推論。所有好的文學作品，無非便是用不同態度以及情狀描述人們生活的各種畫面，依照這些對象在我們面前展現的屬性，藉此引發我們產生不同的情感，因而對這些理論帶有褒貶、讚揚或是輕蔑。一位藝術家，若想要在他的職業上表現得得心應手，不僅要有靈敏的天賦，還要有敏銳的汲取能力，更要具備對人們心靈結構與其運作的精確知識，他需要能體會激情的作用以及分辨善惡區別的各種情感。就解剖學家來看，他們呈現給我們的知識最讓人感到噁心或厭惡，但是這樣的內容對畫家而言卻是相當有用。當畫家以一位維納斯或是海倫作為作品主題時，他必須注意人體的內部構造、筋肉的位置、骨頭關節等組織的呈現，以及每一個結構的功能和形狀。把一個物體正確描繪出來，有助於呈現更加美觀的效果；確切的推理則有助於細緻的情感。而藉由詆毀、貶低以稱揚任何一個，是毫無意義的事。

此外，不管是哪種藝術、哪種學問，以跟人最為密切相關這點來考慮，一種正確的理論，無論怎麼產生，都能使人更接近美善的事物，也更加能對社會有所幫助。以哲學家來看，雖然好像距離實務較遠，可是使一個社會廣泛培育人們學習哲學，就能逐漸將這門學問傳播到社會大眾，而且也能用同樣的方法，將各種藝術或學問傳播開來；如果是政治家，就能在分配權力和責任上，更加洞察先見和具備靈活性；如果是律師，就能在推論邏輯時獲得更多方法，作出為更細密的判別；如果是軍人，就能在軍紀中找到更合乎紀律的原理，作出更為謹慎的發派調度。現代國家的立國制度比起古時候能建立更為穩固政權的國家，近代哲學之所以能更為確切，都是由於已經跟隨著這樣的方式，而且未來也會如此。

即使說研究哲學能獲得什麼利益，也不過只是解決好奇者的疑問，但也不能因此蔑視它們。因為哲學是能使人們獲得人生裡少數幾件安穩、無害又愉悅的事情。生活中最甜美、無害的事物，往往是透過對學問和科學的追求所得而來。不論是哪一種人，只要能夠替世界除去阻礙，或開闢新世界，使大眾得以看到全新景象，都是對世界有所助益的人。雖然研究這類理論十分勞力費神，但人心與身體具備強健體力非常不同，必定會因為先經歷勞苦而後感到渾身暢快。所以在一般人眼裡看來很辛苦，自己卻會因爲非常用心而感到樂在其中。置身黑暗，不只是眼睛不樂見的事，也是人心不樂見的事。雖然必須消耗精力及心神，但最終會使黑暗的地方大放光明，如此一來便能令人感到快樂及愉悅。

但是，這種深奧而抽象的哲學，其中隱晦的部分之所以令人反對，不只是因爲它使人感到不快及疲累，更是因爲它們經常無可避免的是產生缺乏定論及錯誤理論的來源。以這點來看，世人反對這種哲學，這樣的理由最正當合理不過，也就是哲學並不是恰當的科學，形而上學剛開始興起時，也許是人心好高鶩遠，試圖滲透全然無法理解的主題，或是追求流行的迷信事物，並喜愛藉由鑽入荊棘之中的縫隙以遮掩自身弱點，作出像這樣行爲的這類人就是盜賊，既然已經被驅逐到空曠的平原間，就改躲藏在茂密的森林裡，狙擊沒有防備、往來於此的人（指那些向來不用心思索的人），用宗教約束力的恐怖及成見嚇唬他們，這樣一來，就算是最具攻擊力的人，一旦鬆懈了他的防備，也免不了被盜賊搶劫、入侵，更何況有許多人懦弱無力，他們由於缺乏防備，更會自己主動開門迎接投降這些盜賊，並且心甘情願成爲俘虜。

雖然如此，我們難道就忍心使哲學家拋棄他們的研究，讓迷惑眾人的言論四處攻占嗎？又或者要反其道而行，直接入侵賊窟、擊退他們嗎？人們總是令人失望，我們也難以期盼世人會因爲這樣就拋棄掉這番虛無飄渺的科學，並且發現人類理智的恰當使用之處。首先，許多人顯然知道經常重新提出一些主題對他們有利，況且在科學裡，本來就沒有所謂絕對的失望，因爲當古人嘗試探索時，或許沒有獲得成效，但仍然留有可能的希望；後繼的人也許基於前人而努力，有可能收獲好運或者得到改善的方式，也就可以達到前人所無法揭露出答案的地方。爲了贏得勝利，本來就不可能不費心，而喜愛逞勇、有好勝心的人，更愛這麼做。前人的失敗，非但不會讓這些人灰心，反而使他們更積極鼓舞地想要一試，認爲前人留下來的艱難冒險，也許會爲他帶來獨自一人的成功榮耀。所以迷信之友和不良的哲學不會就此放棄。想從這樣許多隱密的問題脫離出來的唯一方法，是認眞探究人類理性的本質，只有認眞研究人類理性的本質，對於人們的能力和容納程度加以確切分析，才能證明人類具有理性，表明它全然不適合用來探討這種深奧的主題。我們要是想一勞永逸的解決這種問題，就不應該用這麼辛苦的方法，一定要謹愼小心的研究眞正的形而上學，用來破壞那些僞形而上學還有山寨哲學。有一些因爲懶惰所以保護這些僞哲學的人，也有一些可能因出於好奇反而更被帶入僞哲學的人；有時甚至是對此完全絕望，之後卻又對哲學富以熱情和期望的人。準確有效的推理是唯一通用的補救方式，適合所有類型的人——懶惰和好奇者、絕望和充滿希望的人，它本身就可以削弱那種深奧的哲學和形而上學的專業術語，這種術語與世人的迷信混合，用不是隨意的推論者就能理解的方式呈現，而且還能魚目混珠，自己稱之爲科學和哲理。

既然經過一番絞盡腦汁從事研究，就不只是能拋棄學問中不合理之處而獲得有用的部分而已，還有許多更爲正面的利益。這是因爲這樣的理論是從準確鑽研人類理性的能力而來。至於說到人類心智的運作，其中最值得注意的就是無論何時，一旦經過人們理性反省的物體，就會被黑暗籠罩，我們的雙眼跟內心無法分辨其中的界線。這樣的物體，由於太過細微，不能長久維持它們的面貌和存在的地方，必須要瞬間抓取才能領會道理，這便是我們的天性。藉由習慣和反省改善人性。只討論追求知道人心的幾種不同運作方式，並且劃分使它們各有歸屬，當它們被拿來作爲我們感官所感受、外在事物所反應的物體時，整頓其中缺乏秩序的部分。像這樣做的諸多事項和花費的精力，已經不是少數了。由我們感官感受、外在事物觸及的目的物來看，這樣的整齊分類，本來就不是什麼好自誇的內容，若是施加在人心的動作上，那麼會因爲費力的緣故，使做這件事的價值隨之增加。這是部署人心跟刻劃人心的諸多部分，要是我們只能做到這樣，不能再更加前進，也足以自我安慰了。像這樣的一門科學，要是看到更淺顯的地方（實際上卻不是這樣）而不自覺，又因此自稱爲具有學問哲學家，那是會被更博學的學者輕視。

像這樣的科學，原本沒有定論，是善於變動的，好像沒有什麼可疑之處，除非我們保留著一種懷疑主義的態度，要是有全部完全推倒或破壞所有思辨的結果之動作。人心原本就有幾種能力，無庸置疑。這幾種能力各不相同，只要是直接知覺所能切實判別的清楚的，也可用自我反省的方式來區分。因此凡是跟此事相關的所有主題，其中有眞有假，這樣眞假的判別事件，並不是在人類理性以外無法做到的那類，其中具有明顯的區別。例如意志與領悟的區別、想像與激情的差異，都是人們能夠理解的內容；它們更爲細小，也更屬於哲學一類的差異，又何嘗不是很實在、有所定論呢？只是比較難理解而已。像這樣的研究，有曾經成功過的，尤其是較為後來才出現的幾種研究，就可以告訴我們此一派學問之間有定論，理論更加堅固、更可作證的看法。現在有一位天文學家教導我們使用行星的真實系統，校正測量天上行星移動的位置還有次序，我們就會重視這位天文學家的功勞。要是有其他哲學家能定義人們關心的那些與心靈修養相關的議題，我們難道會輕視他們？

以哲學來看，要是審慎的栽培和受到大眾的認識及鼓勵，我們難道不希望這是為了更加進一步的研究嗎？難道不是用來揭露，並且激勵人心產生各種動作的祕密來源和原理嗎？天文學家長久以來從各種對天文現象的觀察，滿足於動力、秩序還有天體的大小等知識；直到一位科學家出現——牛頓，⑦從他最為得意的推理中，訂立出行星受到一定規則和動力掌控和指揮而運行的理論。關於自然的其他部分，也曾發生過相類似的事情。要是以同等的力氣、同等的審慎推理，用研究人心的能力和經濟，我們沒有任何理由說他絕對沒有成功的希望。以人心的活動來說，大概這樣的活動跟原理，像這樣的又化作為更普通的那種活動跟原理；像這樣的研究，可以推行到何種程度，我們則沒有確切的規定，這就不只是沒有審慎嘗試前而不能決定的，就算是在審慎嘗試了以後，也很難有所定論；然而這樣的嘗試，則每天都有人想著要用審慎的方式，作為哲學的推論。今天必要做的是，假如是在我們悟性的範圍內，只要不超出使用透徹的審慎和注意，以致力於此，終究能夠宣告成功；若非在這個範圍內，也可多少安心地拋棄了。像這樣所獲得的最後結論，不是非常適合，我們也不應該輕易就下此結論；因爲要是理所當然把它就列於要丟棄的行列，就必然會將哲學的美妙及其價值，貶損到難以想像的程度。用來激勵我們的大致或許是對的，又或者是錯的這些動作，也可以說是多而且不同。道德學家在考慮這些內容進行多種動作時，向來都習慣搜尋某種共同的原理，這也是各種不同情操所以依賴的，雖然像這樣的道德學家，往往因爲酷好某一種普通原理，而有時越過界線；但更期望求得某些普通多數的原理，就分解所有善惡爲諸多原理，那麼應該要是眾人所共同體諒的。批判家、邏輯家、政治家的努力，就跟這些相同。這各種嘗試，也並非完全無效；雖然，要使這樣多數學問要更完美完備，大概仍然要花比較長的時間，也需要更加精密，以及更加熱心的努力。今天要是全舉出這樣的嘗試然後廢棄他，那麼未免過於魯莽，也過於急迫和武斷了，太大膽甚至是最自以爲是的哲學嘗試，強迫世人接受這樣粗淺疏漏的原理和命令。

關於人心天性的推理，好像很抽象又難以理解，爲何會這樣？這不是用來回應它們是錯誤的證據。有人回應說：抽象難懂，本來在所難免，但不能因此就斷言這個理論是假的。凡是曾爲大多數有智的哲學家，及學問深邃的哲學家就此放過的理論，誠然是不能淺顯易見的事情。現在無論如何，這樣的研究要耗費我們多少精力，假如在這些言語無法形容的各種重要主題之中，我們能替大眾增加知識，那麼這不只是單純的獲益，而且從快樂方面來說，都獲得到充分的獎賞了。

不過，這種臆測的抽象天性與其說是優勢，反倒是種缺點。然而，也許能夠以審慎跟技巧避開一些無謂的細節來克服這種困難。因此在後文的研究中，我嘗試開創各種主題，也就是前面所提的。那些讓明智的人停滯不前的各式各樣沒有定論的說法；而隱晦的理論，則使沒有常識的人卻步。要是能藉由清晰調和深奧難懂的理論，用眞理來解決人們的好奇心，聯合所有不同哲學的邊界，那會是多麼棒的一件事啊！更棒的是，我能透過推理，破除那些作爲一切難懂哲學理論的庇護所及掩蓋謬誤的基礎！

## 【注釋】

① 西塞羅（Marcus Tullius Cicero），前一〇六—前四三年，古羅馬共和國時的政治家、哲學家、作家、演說家，以雄辯口才和散文作品出名，同時也投身政治及法律，曾擔任執政官。——譯者註

② 亞里斯多德（Aristotélēs），前三八四—前三二二年，古希臘哲學家。——譯者註

③ 拉·布魯耶（Jean de La Bruyère），一六四五—一六九六年，法國神學家、哲學家、作家。——譯者註

④ 馬勒布朗士（Nicolas de Malebranche），一六三八—一七一五年，法國哲學家。——譯者註

⑤ 艾迪生（Joseph Addison），一六七二—一七一九年，英國作家、詩人、劇作家。——譯者註

⑥ 洛克（John Locke），一六三二—一七〇四年，英國哲學家，與休謨、柏克立被列爲英國經驗主義的代表，著名理論包含社會契約論、三權分立說，被視爲啓蒙時代最具影響力的思想家。——譯者註

⑦ 牛頓（Isaac Newton），一六四二—一七二七年，英國科學家，提出萬有引力及三大運動定律的理論，對日後的物理學、天文學等學科都具有廣泛影響。——譯者註

# 第二章　關於觀念的起源

有個人覺得天氣炙熱得十分痛苦，或者有個人覺得這樣的天氣暖和舒適，這兩種人心中具有不同的知覺及頗大的差別，這是人皆承認的事實。因此，這之後的其他人，會有相同的看法也是預料之中，而且也知道兩者的差異。這樣的能力，也可以用來模擬或比照五官的知覺，只是仍不能完全達到描述原始感情精神的境界。即使像是這樣的能力，用最爲強大的力量實施，我們最多也只說得出它表現出來的樣子、這麼做的目的等這般顯著描述罷了。若是要讓我們說明得能讓別人感覺到、彷彿看見一般，那便是要使心靈受到疾病或發狂達到擾亂的程度才有可能，否則絕對無法到達歷歷在目的程度，回憶和想像力永遠無法如此，以至於使我們看到和感受到的並沒有什麼分別。用一篇詩歌舉例，不論它怎麼描繪景物的顏色，也絕對無法像繪畫一般描繪得生動自然，能夠讓讀者完全理解內容的詩歌，就像是作爲一幅山水景象，再怎麼活靈活現的思想，也比不上最遲鈍但卻眞實的知覺。

像這樣的區別方式也出現在其他腦海裡的知覺。當人們勃然大怒時，那種激動程度遠超過原本以爲會出現的情緒。當你告訴我，某人正陷入愛河之中，我能完全理解其中的意思，並給予一個正確的概念描述此人現在的狀態。然而我並不能就誤以爲這個概念能表現出愛情中的紛擾與掙扎！當我們反省過往的感情與感受時，我們的思想過程就像是一面可靠的鏡子，能夠映照出許多眞相。只是這個眞相覆蓋著的顏色，會比原始知覺給予我們的顏色稍微黯淡一些。這兩者的差異，原本就毋須透過精細的審核或是要有哲學家的頭腦才能分辨。

因此我們可以劃分心靈的知覺爲兩類，用展現出來的形式或狀態來區分不同程度。不夠有力、不夠靈活而且很平常的一類，稱爲思想（thoughts）或觀念（ideas）。另外一種，在英語或是其他外語中要另用一個名詞來稱呼，大概只是爲了提供哲學這個領域的用途，所以要有一個專有名詞（其他則不是，所以僅以普通名詞稱呼），我們姑且稱之爲「印象」（impressions）。這兩者當中應具有少許彈性，這種知覺爲印象所用的意義，與一般略有不同。當我們親眼看見或親耳聽見、或感受到、或是愛、憎恨、或是擁有欲望，或是立定志向時，知覺較爲活躍，這便是「印象」。印象跟觀念不同，觀念是我們反省前述的許多感受或舉動，感受到的不是那些較爲活躍呈現出來的知覺。

乍看之下或許會覺得，好像沒有比思想更加毫無限制的東西了。人的思想並非全體社會勢力或權力可以控制，而且也不受到自然以及眞實世界的範圍局限。想像力很容易使我們用極度自然並且熟悉的事物，創造出怪物以及加入許多奇形怪狀的概念。人類的肉體原本就受限在這個星球上，存活在這個世界上努力行進，本就不是一件簡單的事情，也會遇到許多痛苦。然而思想卻不是這樣，只需要一個瞬間的念頭，就能跳躍到宇宙中極遠的地方，或者飛出宇宙之外，到達無垠之處。我們揣測這之間自然完全沒有秩序，任何未曾看過、未曾聽聞的內容，都可以成爲某種概念。沒有什麼會被思想的力量限制住，除了那些絕對的矛盾內容。

可是即使人類的思想好像具有不受到限制的自由性，但要是稍微仔細思考，就會知道思想仍然受限於極爲偏狹的範圍之內，而來自心靈的創造力，只不過是一種感官及經歷提供給我們，用以混合、調換、加大和縮小的能力而已。當我們想到一座金山時，只會聯合兩個一致的概念——金子與山，那正是我們熟悉的內容。我們也能如此形塑出一匹善馬的概念，因爲我們的思想中具有善良的概念，可以把善良與一匹馬的外貌聯結起來，馬本來就是常見的動物。簡單來說，組成人類思維的全部材料，或者是來自於外在的感受，或者是出自於內心的感受，所有心靈和意志的作爲，都摻雜和著這些材料。用哲學性的文字來表達：我們所謂的觀念，或者那些較爲薄弱的知覺，都是來自印象或是更加活靈活現的感受它們的摹本。

下列兩條理論我希望能證明以上所述：

㈠分析人類思想或觀念時，不論它有多麼繁複、多麼高超，常常可以發現它們會被劃分爲許多簡單的觀念。這些觀念又像是出自一種先前感覺或情感的摹本，看似離原始的觀念很遠，可是一旦仔細查看，又會發現這樣的推論是從那個源頭來的。上帝這樣的觀念——一種全知和極善的神——是發自我們心中反省的行爲，再加上沒有設立限制範圍，又再加以擴充所謂智慧和良善特質而獲得的概念。無論如何推展這樣的概念，又推展到何種的程度，我們考察到的概念常常是來自一個相同的印象，或藉由相似印象臨摹出來的。凡斷言這種情形「並非總是正確的」，指出「也不是沒有例外」，那麼這派人只有一種方式可以對此加以反駁，而且相當容易，這種方式是什麼呢？也就是請說明不是出自於這種來源的觀念。爲了維護我這種論點的正確性，也就必須負責產出與此觀念相符的印象或生動的知覺。

(二)要是有個人因爲器官缺損，例如眼睛或耳朵，而因此缺乏知覺，我們便認爲他們也會缺乏與器官相對應的概念。一位眼盲的人無法想像顏色，耳聾的人不能感受到聲音，如果能恢復他們缺損的器官，開闢一條新的出口，讓這些人能有所感受，也就像是能開闢一個新的通路，讓各種觀念從這條路湧入，這樣一來他們就不難建構出這些概念和事物了。要是想讓從來沒有這種器官的物體產生同等的感受，也是這麼做就可以了。例如拉普蘭人①或是黑人，就像那些向來沒有嘗過紅酒滋味的人，他們不可能對紅酒有概念。雖然人心幾乎未曾沒有感受過，或絕對缺乏某種情感的情況相當罕見，但其實仍然可以看到類似情形的例子，只是程度較爲輕微而已。例如一位溫和的人，不會形成深仇大恨或是殘酷的概念。一位自私的人，也很難擁有高尚友誼或是寬宏大度的概念。人們能夠具備多種感覺，但並非全都能成爲所擁有的概念，這是有可能的。因爲這個概念還未曾被其他人介紹給我們知道，像這樣的介紹，只有經由實際感覺以及親自體驗能讓這個觀念進入我們的概念中。

不過也有一種矛盾的現象可以證明，即便不需要藉由相應的印象，也有可能產生觀念。由眼睛接觸到的，關於幾種顏色的鮮明印象，或由耳朵聽到的分明聲音，各自不同但又彼此相似，這是大家都知道的事情。任何顏色都是眞實而存在的，同一種顏色但具不同深淺度，也必定如此。每一種深淺不同的顏色都有一個明顯的概念，這個概念不需要取決於其他顏色而來。要是否認上述所提，我們可以創造出一種從紅色到綠色的連續排列，這種做法會使一種顏色，在不知不覺之間竟變成與原來相去甚遠的顏色。如果不承認任何看起來很平均的顏色其實是各有不同，那也就不能否認位於極端的紅色和綠色是完全不同的（這是件奇怪的事！）。舉例來說，有一個人兩眼視力正常，已經維持超過三十年了，非常熟悉各種他已知的顏色，只有一種藍色例外，這是一種他從來都沒有看過的顏色。現在把各種深淺不一的藍色放到他眼前，但不包括他沒看過的那種，顏色的排列是依照最深色排到最淺色。這個人一定會發現其中少了一種，也就是沒有列進去的那種。其中，相連最遠的最深色跟最淺色那端，差異遠遠超過其他任何兩種顏色。試問，這個人是否能依照自己的想像力塡補這種缺失的顏色，是否會認爲自己能產生出這樣從來沒有經過他的感官所介紹的概念？我相信多數的人會說這個人可以做到。認爲這種產生方式不恰當的人，肯定相當的少。這個例子可以作爲一種證據，證明簡單的觀念並不是出自相應的印象。只是這個例子非常特殊，並非是一個能改變大眾看法的好理由。

這裡討論的主題，或者一句話，它不只本身是簡單而且容易讓人理解的，如果善加利用，讓每種爭論都能讓人理解，那就可以消除所有長期以來盤踞在形而上學推理這種荒謬論點的內容。因爲這種荒謬的談論令人鄙視，形而上學推理的觀念，尤其抽象的觀念，都是黯淡無光以及黑暗的內容。人心具備的力量其實頗爲單薄，這樣的觀念又很容易與其他相似的觀念混淆，而且經常遭遇到的情況是，當我們使用一個名詞時，就算原本它沒有清楚明白的意義，但我們卻會認爲有一種固定觀念附著於這個詞彙上。我們所有的印象卻不是如此——例如所有外向或內向的感覺——都是強烈且生動地呈現於我們眼前的。這之間的界線比較能有確切的規定，也較不容易陷入錯誤的理解。所以當我們看到他人使用一個哲學名詞，並質疑它不具有任何意義或任何觀念時（這種情況常常發生），就不妨詢問這種觀念究竟是從什麼樣的印象得來？假使不能指出任何印象，那麼就證實了我們的疑問。我們將許多觀念放置於明亮的光線下，希望能夠找到掃除關於觀念的本質與內容一切爭議的方法。②

## 【注釋】

① 拉普蘭人（Laplander），又稱薩米人，北歐地區的原住民。——譯者註

② 有許多哲學家，反對先天觀念（innate ideas，又譯爲天賦觀念，歐洲唯心主義對於認識起源的看法，指形成人類知識的原則是先天而生）的看法。他們的意思是：大概凡是觀念都是人類印象的摹本。但我必須說，這樣的哲學家並不擅長選擇他們用以形容的名詞，他們常常缺乏足夠受人檢視或是非常精準的定義，以防止他人誤會他們的學說。試問到底什麼是「先天（innate）」？如果這個詞彙能同等於「自然產生」，那麼所有知覺或心靈的想法，都應該被認爲是與生俱來或是自然的，因此爭辯「哪個是不常見的？」、「什麼是人爲的？」都是徒勞無功，也不值得追問。要是天生指的是我們出生時的狀態，那麼這場爭論似乎會很無聊——無須詢問思考這件事究竟是從何開始、在什麼時候之前、當中或是我們出生之後。再次，「觀念」這個詞彙似乎被洛克等人以一個相當寬鬆的方式使用，用來指所有知覺、感受或激情，如同思想。我想知道什麼對自我的愛、受傷的憎恨或是兩性間的激情，哪一種不是天生而來的！

但承認「印象」與「觀念」二詞在上述對於感覺的解釋，並且理解透過「先天的」是指那些最初的，而非從以前的感知複製而來，那我們便可斷言：凡是印象皆爲先天賦予，而觀念則不是先天的。

坦白說，我認爲洛克因爲學院派（Schoolman，經院哲學派的學院院士；經院哲學意指與宗教〔尤指神學〕結合的哲學思想，主要內容是依據古希臘思想家、《聖經》等觀點結合邏輯而來的理論。歐洲中世紀時期，隨著教會對政治、經濟及教育層面的影響力逐漸深入，發展出此一派別）的看法過度陷入這個問題，因此將一些尚未定義的詞彙拖進他們冗長而且根本未碰著議題重點的爭論。相似的模糊性及拐彎抹角的說詞，貌似貫穿了這位哲學家的論點以及他所提出的其他問題。——原註

# 第三章　關於觀念的聯想

在許多不同的觀念中，有一種以系統性方式聯結的原則相當明顯。這個原則假使是從回憶或想像中而來，那麼這之中有一些方法和規律將說明一個觀念會接續引出另一個觀念。在嚴肅的思維或談論之間，突然有一個極為特別的思想闖入我們常規般、串連式出現的觀念，我們能立刻注意到並且加以排拒。而且就算我們不想讓這個特殊的思想闖入，也會有其他的特殊思想能做到。即使在我們最紛亂、最胡思亂想的狀態，沉浸於似夢非夢的幻想之中，試著回想一下，就會發現這種幻想並非完全雜亂，或是毫無章法可循。這之間有著一種能連接起這些多數的不同觀念的聯繫。假如把我們在最鬆懈自由狀態下的談話記錄下來，就能立刻發現有一個東西能串連起所有彎曲轉折之處。如果有個地方斷了線索，那麼打斷這樣談論的人也會告訴你，他的思緒已逐漸被所談論的話題引導到別處，以至於偏離了主題。我們也發現，在向來沒有關係或沒有往來的諸多語言文字之中，最為繁複的是那些在其他語言中有著不同意義的字詞，儘管這兩種語言甚至不存在著相互的影響。這是毫無疑問的證據，可用來證明簡單的觀念被包含在繁複的觀念之中，因為有種普遍原則可以連結二者。對於人類而言，這個原則也有相似的影響。

這種聯結眾多不同觀念的原則，雖然是十分明顯、不得不讓人注意到的事情，但是卻未曾有一位哲學家試圖將所有的聯結原則條列出來，或幫這個概念分類。這一個問題，有值得探討的地方。我認為只有三種聯結的原理：㈠相似性；㈡時間或空間的連續性；㈢原因或結果。

我不覺得有人會質疑這三種原理相當適用於說明觀念的聯結。用一幅圖畫說明，當我們看到一幅畫中的事物，就能想像到這樣東西（這就是「相似性」）；要是談論到某間房子內的房間，就會自然而然的聯想到這間房子有其他房間（這就是「連續性」）；要是想到身上有個傷口，就無法不想到傷口所帶來的痛苦（這就是「原因或結果」）。可是即使如此，像這樣全部列舉出聯想的原理，就以爲沒有其他不同性質的聯結原則，這種方式恐怕無法完全說服——我本人或是讀者——讓我們感到滿意。要是遇到這樣的情境，也只能小心考量聯結不同觀念的各種方式，要使這樣的原則發展成一個普及的原則。[1]當我們需要考慮的事項愈多，愈需要小心謹慎；當對這樣的原則愈有把握，那麼我們就愈能知道那些被我們列舉出來的原則，從頭到尾的脈絡會毫無缺失。

【注釋】

① 例如相反或矛盾也是一種觀念之間的聯結原則，但或許也可以視爲是因果與相似性的混合觀念。兩件事物若是相反的，就會互相破壞，一物消滅了另一物，也就是說一物是消滅另一物的原因，這也包含了一物未被消滅前所存在的意義本身。——原註

# 第四章　關於人類理智運作的懷疑

# 第一部分

人類推理能得到的所有事物或研究，可以自然而然的分成兩類：一類是觀念的連結（relations of ideas）；另一類是實際的眞相（也就是事實，matters of fact）。第一類就是幾何學、代數和數學，只要是能直覺確認的，或透過證明而得到的，都屬於這一類。幾何數學裡有一個命題是「直角三角形的斜邊平方和，等於另外兩邊邊長平方的總和」，這是一個用以描述形狀之間關係的命題。又像是數學命題中，「三乘以五等於三十的一半」，這是表示這幾個數字之間的關係。這些命題只是純粹藉由思考解題，不必依靠任何存在於宇宙中的其他事物。就好比在自然之中並沒有完全正圓的形狀或正三角形的存在，但歐幾里得①證明出來的眞理，卻也將永遠保有它的穩定性和眞實性。

人類理性能推求的事物，就是實際的眞相（事實），是人類的第二種理性，則不是用第一種方式求得。事實上，這樣的眞理性不論有多大，都與前述的類別屬於完全不同的性質。與事實相反的概念，仍然包含著其他可能的解釋。它並不意味著是一種矛盾，而是可以同樣被心靈清楚的認知，並完美地建構爲一件事實的概念。今天A某說「明天太陽不會出來」，B某則說「明天太陽會出來」。A某說的話，聽的人都很清楚，而且沒有包含矛盾，但B某說的也是如此。所以我們要是想嘗試證明他們說的話具有矛盾，根本是徒勞無功。如果能證明一句話的眞實性一定是錯誤的，那麼一定要證明這句話中包含了某種矛盾，而且不能受到心靈構想。像這樣的例子，就始終無法使人理解這些理論的內容。

所以也許我們嘗試花費時間和精力回答這個問題是值得的：除了我們眼前感官的證據或記憶之外，那些證實所有關於實際眞相的理論是從哪裡來的？——哪些假設存在，以及又有什麼案例？關於這部分的哲學，古今學者都還少有研究。在這樣缺乏領導、指示的情況下，我要透過如此困難的路途，要是做出不清楚的地方或是犯錯也是情有可原。這樣的研究，甚至可能是有用處的，因爲它使人們對於學習感到激動好奇，也許會推翻那些毫無根據、未經檢驗以及相當確信自己看法的自信心——這些自信心也是一切推理跟自由研究的缺點。倘若在平常的哲學中發現缺失，這非但不會是一件使學者挫折的事，反而是一件值得鼓舞的事。凡是嘗試解開眾人還未研究透徹的問題，將它補足得更爲充分，以及找到更能使人滿意的發現，都能鼓舞他們。

關於事實的全部推理，似乎都是根據因果（cause and effect）之間的連結。我們之所以能擁有超越記憶及感官的證據，只是因爲運用這種關係。假如問人們爲何不相信擺放於眼前的事實，例如你問一個人，爲什麼你會相信有位友人正在英國或是法國？他當然會用一個理由來回答，而這個理由，當然會是另一種事實。例如他曾經收到朋友的來信，或是知道這位朋友之前的預定計畫；又像是，有一個人在一座荒島上看到有一支手錶，或是其他機械類的東西，這個人當然會作出一個結論，就是以前也有人來過這座荒島。所有關於事實的推理，都屬於這類的。因此出現在眾人眼前的事實，與推論得來的事實，其中必定具有一種連結；要是這之間沒有連結，那麼這樣的推論是很有問題的。如果我們在黑暗中聽到清楚的聲音和一段極爲理性的談話，我們必然會堅信當中有人存在。試問我們爲什麼會這麼相信？我們會回答這段聲音和談話是出自人體，而且跟它有密切關係。要是我們分析一切關於這些種類的推理，我們會發現大都是這麼得到的，它們都是根據因果關係而來。而且這種關係可近可遠，可能是直接的，或者並列的。例如看見光便推理出熱，這不是由其中一個原因衍生出另一個，而是並列的結果。熱與光同時都是火的結果，也就是能透過正確的推論而得到的結果。

因此，如果我們確信事實建構的本質，就一定要研究我們是如何推論出因果關係的。

我在此要斷言這個主題不容有例外，也就是此一關係的知識，無論在任何一個案例中，都能看到它們之間的關係永遠相連，這不是出自先驗推理（預設），反而是完全基於人的經驗。一個人不論他天生的理性或才能如何厲害，試著在他面前放一樣東西，如果他從來都沒有看過這樣東西，不論經過多麼詳盡的考察這件東西的屬性，也絕對不可能發現這件東西的任何原因或結果。世上第一位人類是亞當，雖然因爲他是首位被創造出來的人類，他擁有的理性應當完整無缺，但亞當也無法因爲了解水流的特性還有透光性，而推理出水流可能會淹死自己；他也不會因爲知道火能產生溫暖，而推理出會燒死自己這樣的結論。無論是哪種物體，人們絕不會因爲發現它的外在屬性進一步就知道它可能會造成的結果。人類的理性，如果缺乏經驗幫助我們釐清，也就無法推理出任何關於實際的眞相或事實的結論。

「因果關係只能從經驗而來，不能經過推理過程而獲得」。這個命題運用在事物上就是：㈠我們如今知道的東西，以前是不知道的。這件事情很容易被我們接受，因爲以前必定無法預料到現在會碰到這樣的事物。有個人從以前到現在都不知道自然科學是什麼樣的學問，如今在他面前擺放兩塊光滑的大理石，他一定看不出來這兩塊大理石以一種方式黏在一起，如果要縱向直接分開它們，需要使用頗大的力量，但若是橫向滑動它們，那麼因爲抗力較小，會較爲容易分開他們。㈡一件事情若是與平常看到、相通的天性不怎麼相像，我們也會承認一切只是因爲經驗不足所以不知道。世上沒有人會認爲，火藥之所以爆炸、磁鐵之所以相吸，是能從先驗觀點就能判斷而獲得的知識。㈢同樣的，要產生一種必須倚賴繁複的機器或精密的技術的效果，我們不會遲疑而將這種知識歸因於來自經驗。就好比，誰能說明用一個完善的理由解釋，爲何乳酪和麵包可以用來餵養人們，但卻不適合拿去餵食獅子和老虎呢？

但是這個同樣的命題要是用在——不靠推理而能發現的因果——可能似乎就不是那麼明顯，例如運用在下列幾種：㈠我們人生中熟悉的事情；㈡相當合乎自然法則的一切事情；㈢取決於簡單並具有可察覺特質的物體，且不是取決於任何有著祕密結構的部分。我們傾向於想像可以單憑理性而非經驗就發現結果，我們會幻想這些是突如其來的被思考力帶入這個世界之中，也就是一開始就能推斷，一顆撞球受到動力推動時會把動作推到另一顆撞球，而且不需要等待這件事情的發生，就能立刻斷定這樣的結果，習慣的影響眞是驚人！習慣影響最深遠的時候，不僅讓我們忽略自身愚昧，還會掩蔽眼前的事實本身，這都是因為習慣已經強烈的進行運作，而我們甚至沒有察覺到。

舉凡一切自然法則，事物的各種運作，都是由經驗獲得，絕無例外。要讓人相信這種說法，下列這些思考點大概也就足夠了。把一樣物體放在我們面前，又要求我們不必把這樣物體與以往觀察到的內容相連起來，並且清楚說明這個東西的作用，我們的心靈該如何進行這樣的思考過程呢？它必定要創造或是想像這項事物的作用或效果。這樣的創造，必然是任意進行，這是相當明顯的。即使用最精密的方式考察，也絕對無法在這種假設性的原因之中，求得這樣物體的結果。因為結果與原因是完全不同的事物，因此絕不可能在原因中找到結果。例如前面所提的撞球，第二顆撞球會動，跟第一顆撞球會動是非常不同的兩件事，也絕對不能由其中的一件事引起另外一件事的動作。又比如說，我們試著舉起一塊石頭，或是一塊金屬，而且沒有用任何物品撐起它，那麼它必然會立即下墜。要是從先驗條件考慮一下這樣的狀況，我們能夠透過這樣的狀態發現下墜的概念，而不是上升或者其他動作的概念呢？

如果我們不向經驗請教，那麼對於一種特定的結果作出的最初想像或構思，本來就是任意而產生的，那麼同樣的也必須認為，原因和結果之間假定的聯結，那個將原因和結果結合，使該原因不可能產生出別的結果的聯結，也會是任意產生的。例如：看到一顆撞球直線前進撞擊到另一顆球時，就會使第二顆撞球移動，這是偶然引起兩顆球相互碰觸或互相引發動作的結果。我們難道不能由此聯想且因而產生出一百種以上的各種變化情況嗎？這兩顆撞球難道不能絕對靜止不動嗎？第一顆球爲何不能一開始走一直線，而後卻轉回原來的方向呢？第一顆球爲何不能走它自己的路，跳離第二顆球呢？像這樣的所有假設和想法都是合理的，也都能成爲概念。我們爲何非得偏信任何一種，更何況這件事又不比另一件事更爲合理，爲什麼要偏愛它，把它當作一個固定概念？我們的先驗推論永遠不可能指出這樣的偏好究竟有何依據。

總而言之，每個結果都是因爲與它原因極度不同的事件。而首次出現的新興概念，或者是先驗概念，完全是任意出現的。而且，即使是經過啓發，將這個結果與這個原因聯結，也必然還是同樣任意出現，因爲這之中還常有許多其他結果，以理性來看，肯定也有充分合理和自然的。所以如果我們沒有透過觀察和經驗協助，貿然斷定任何一件事情，或是推得原因和它的結果，都是無法做到的。

這正是一位講求道理並且謙遜的科學家，從來不敢貿然指出任何一個自然現象背後的眞正運作原因，或者清楚證明宇宙產生單一效果背後力量的活動，現在總算知道爲什麼了。人們承認理性的最終目的，在用類比、經驗以及觀察而得的推理等方式，將自然界的諸多道理簡化成爲一個更爲簡單的原理，將許多道理分化而成幾條簡易普通的原因，這樣的原因，是我們雖然嘗試求得卻始終無法獲得的。而且我們也不能用任何特殊解釋滿足我們自身，如此終極的來源以及原理全然是祕密、不能讓人窺探當中的奇妙或研究。我們從自然中所發現的內容，大概不過只是物體的彈性、重力、部分的相黏附性，以激力傳遞物體的運動，就是這樣而已。我們要是可以用精細的研究及推理追溯某種特別現象，歸類爲幾條普通的原理，或近似於這幾條普通原理，也足夠拿來自我安慰了。最完善與美好的自然哲學，也不過是將我們的愚昧無知暫且用較長的時間推開一些。因此全部哲學的結果，才得以使我們理解人類眼睛以外看不到的事物跟它們的弱點，但就算我們不論如何竭盡力量想要避免這樣的情況發生，還是免不了會碰到。用幾何思維來幫助理解自然哲學，既無法補足這樣的缺點，也不能幫助獲得終極的知識。但如果我們試著發現這些普遍因素當中的因素，我們應該是在浪費力氣。這些最終來源以及原則在人類的提問中完全被隱藏起來。也許最深層的原因和原則我們永遠無法在自然中發現的有四種：彈力、重力、使小石頭和一堆塵土區別的聚合部分（吸力），以及當一顆撞球擊中另一顆撞球時的動力連結。如果透過縝密的思考我們可以解釋上述特定的現象，或是能夠非常接近地解釋它們，我們應當是十分幸運。完美解釋這些自然現象的哲學（完美的物理學）只能暫時延緩我們的無知，就好比關於道德哲學或超越物理學的那些完美哲學，只是又稍微將我們的無知延緩了更久。所以這兩種哲學最終使我們變得盲目和薄弱——一種儘管我們試圖逃離，卻仍各方朝向我們的觀點。

儘管幾何學因爲推理的正確性聞名，但當它放在對物理學的幫助上，它也無法帶我們找到事物背後的最終原因，從而解決了我一直在討論的那種無知。應用數學的每一個步驟，都要從假設開始。若說某種定律是自然規定而運作，用抽象的推理或透過經驗來使這樣的定律讓我們知道，或是藉由特別案例看到理論的潛在規則，也就是依賴任何精密程度的距離或數量。例如透過經驗發現的動力的準則，任一運動物體的力量跟它本身的質量以及速度成正比；所以如果我們能設計出一臺機器，增加速度的力量用來對抗阻力，那麼就能使一個極小的力量推倒極大的阻礙。

幾何學則告訴我們如何描繪這部機器的大小和形狀，以幫助我們推論這些定律。然而發現這樣的定律，也不過就是仰賴於我們的經驗，而且即使用所有抽象推理，也永遠不能使我們更進一步接近這種定律的知識。我們考慮的不過只是我們內心中出現的任何一件事物，或任何一個原因，要是不藉由觀察而是藉由先驗推理，那是絕不能促使我們想到其他事物，就好比是它們的結果；而且也不能告訴我們這兩者之間，具有無法分開或是互不關聯的關係。要是有人能推理而發現，結晶是熱導致的結果，冰塊則是冷導致的結果，但卻沒有事先知道這兩種屬性運作的原理，那麼此人必定是一位非常聰慧的人！

當我們以先驗作爲理由時，考慮某些物體或僅僅因爲它在思想中出現並且獨立於對其行爲的任何觀察，它永遠不會使我們想到任何其他的，像是它的效果。它比向我們展示它們之間牢不可破的聯繫還少得多。如果在缺乏對於熱和冷會產生不同結果的經驗之下，有個人還能發現熱產生結晶，而冷產生冰塊的結果，這人想必是相當聰慧！

## 第二部分

然而對於首次出現的疑問，到目前爲止我們還未得到過滿意的解答。每次解決了一個問題，仍然會出現一個新的問題，最難的地方便在於前面的這個問題，又使我們進入另一個更加難以回答的問題。要是詢問關於人們所推論的一切本質究竟是什麼？正確的答覆大概是所有推理都是根據因果關係而來。若再進一步詢問這種關係的所有推論以及結論是從哪裡來的？可以用一句話來回答，就是透過「經驗」。我們要是追根究底，再問經驗又是從哪裡來的（又以什麼作爲基礎）？這就包含了一個新問題，它的解決方式及解釋較爲困難。哲學家自認具有過於常人的智慧跟充分的知識，可是他們一旦遇到喜歡追根究底的人，就很難應對；因爲這種喜愛追問的人，看到哲學家躲在角落就會追趕他們，到更過分一點的情況，必定會讓哲學家們處於一個非常危險的兩難位置。要避免這種情形，就必須要十分謙虛務實，或最奇妙的是自己先揭露感到爲難的地方，不必等到追問者來刁難並提出反對的證據。像這樣的人，我們或許可以認爲愚昧其實是他們的長處。

這一段的討論中，我應當把討論暫停在一件簡單的事。此處提出的答案，只不過是給予一種負面的回答。也就是即使經過因果關係的經驗獲得答案，我們得到的多數結論並非經由推論而來，或是根據任何理解的過程得到。接下來我想要努力解釋這番道理，並且替這個結論辯護。

自然界中有許多祕密都隱藏在深遠的地方而不讓人窺探，這是大家都不否認的事情。自然只允許我們對事物能擁有極少數的屬性知識，而這些事物的影響力當中，完全依賴的能力和原理，則是經常被自然本身所掩蓋。例如一片麵包，人類的感官將這片麵包的顏色、重量及種類告訴了我們，但既不是我們的感官，也不是理性讓我們知道麵包能提供養分，還有維持人類身體機能的各種特性。我們的眼睛或肌膚，把一個物體的行動傳送成爲一種觀念，而這種能力當中具有非常令人吃驚的力量，使進行動作的物體，永遠改變它所存在的位置，而且將它的力量傳遞給其他物體，如此就能永遠保留下來而不會消失，這是我們絕對無法形成的概念。但是即使我們對這種自然能力②（power）及力量（force）毫無知識，當我們見到可以感受到的相同特性時，便經常假設它們之間藏著共同的祕密能力，希望這當中有我們曾經歷過的結果會接連發生。假如有人給我們一件物體，它的顏色及形狀與以前吃過的麵包相同，我們當然不會遲疑或者是重新體驗一次來感受這樣物體，而且預料這個麵包一定能滋養和維持人體所需。這是我非常想要知道的關於思想運作過程的基本原理。世人都會承認，在能夠感受的特性及祕密能力之間並沒有我們所知道的連結，所以心靈並不會因爲確認特性或是能力二者的天性，就導入而作出這種關於兩件事之所以永恆或合乎定律的聯結的結論。所有過往的經驗，關於那些我們過去的特定時間經歷過的特定事物，它都帶給我們直接而且必然的知識。然而像這樣的經驗，怎麼能推廣於後，甚至推廣到其他事物？這樣難道不能只有現象與前面發生過的事情相同嗎？這是我想要關注的主要問題。以前吃過的麵包，曾經給過我營養；也就是說某種物品可以具有讓人感受到某種特性的東西，以前在某個時間點就有這樣的能力，但是我們難道就能說其他種類的麵包，也能在另一個時間點用來餵養我嗎？而且難道能說，相同感受得到的屬性，必定永遠伴隨著相同的祕密能力而來嗎？像這樣的結果似乎並不是必然的。用最低程度來看，我們也必須承認心靈在這之中所引出的結果，必然有著一定的步伐，這是求得思想必經的一道過程，是一種推論，更需要透過解說。

下列兩個命題並不相同：

1. 我所見到的一件物體，它總是伴隨著一種結果出現；
2. 我預知其他看起來相似的物體，會伴隨著相似的結果出現。

若是你說第二個命題可以正當的由第一個命題推論得知，我當然也承認。事實上這是一般人通常會作出的推論，但若堅持說這番推論是用一連串的推理而得來的，我就必須請讀者解釋這串推理。這兩個命題或句子之間的連結，並非來自於直覺，當中一定有個中間步驟，才能引出這番推理。這便是從推理及理論引導而來的。這個中間步驟到底是什麼？我承認實在無法全然得知。但凡事斷言說這之中有個東西存在，以及斷言這就是關於這番推理事實的結論，就必定要拿出解釋呈現給大眾知道。

假如許多敏銳和有能力的哲學家，透過由過往推論至未來結果的理解，未能發現一個相連的命題或進一步的推論，我對此的負面思考最終仍將被發現且更具說服力，並且點出這是基於永遠沒有人能解開，關於這之中連結或輔助完成這番結論的看法。然而這個問題仍然是一個新的問題，讀者們千萬不要對自己的解釋過於自信，因爲你們無法做出任何解釋，而我給出的證據無人能提出。在這樣的情況下，比起現在我所承擔的，我更需要解決一個艱鉅的任務——也就是，一個一個的透過所有人類知識的各個分支，試著說明沒有任何一種知識可以給我們類似這樣的論點。所有的推理分爲兩種：㈠演證推理（demonstrative reasoning）或是觀念的連結；㈡事實推理（factual reasoning），或是實際的眞相與存在。這裡討論的主題，沒有㈠演證推理可以用來證明從過去到未來的推論，這是顯而易見的。因爲自然的運行可以改變，所以與我們過去經歷過的事物相同的，也可以出現不同或相反的結果，這當中沒有矛盾。我難道不能很清楚的知道，有一種概念是：雲朵中落下的東西像是雪花，但又可能嚐起來鹹鹹的或是感覺到它有些發燙？我信誓旦旦的說，所有的樹木在十二月跟一月的時候，生長茂盛，到了五月和六月的時候則會開始枯萎。能有比這個命題更容易讓人明白的嗎？凡是能讓人明白的言論，而且具備清楚概念，都不含矛盾，都是永遠不能用演證推理或概括爲先驗推理來證明爲假的。

所以，要是有論點能使我們相信以往的經驗，而且以它作爲未來判斷的標準，那麼這樣的理論，只能是概然性的（probable，又譯爲或然性），例如它們必定具有某種與我前面的分類提出的條件，屬於㈡事實和存在相關。但假如我描述得相當精確，概然性推理（probable reasoning）無法提供我們想要的論點。我已經說過，所有關於存在的理論，都是以因果關係作爲基礎，來自我們對於經驗的結論，建立於「未來與過去相符」的假設之下。因此如果嘗試用概然的理論證明，例如有關存在的理論，我們很顯然的只是進入了一個迴圈，用需要求證的問題作爲已經證明的事情。

事實上，所有從經驗而來的論點都是出於在自然事物上發現的相似性——引領我們預期事物之間的結果也會相似。儘管只有愚笨的人和瘋子會改變經驗的主宰性或是拒絕它成爲生活中的指引，一位哲學家仍然可能會被允許詢問關於人類天性賦予經驗這種可能的權威，並且帶領我們依著天性，由不同物體而來的相似性中獲得利益。我們從經驗中的推論可以如此歸結：我們預期相似的原因會產生相似的效果。如果這個論點是基於理性，那麼我們可以透過長期的經驗和單一實例而定下結論。但事實並非如此，不是所有事都跟雞蛋相像，也沒有人會期待它們嚐起來的味道都一樣！當我們確信特定的事件會發生什麼結果時，那只是因爲我們曾有過這類事件的經驗，都伴隨著相同效果。現在，從一個例子的推論過程來看，用一次就獲得一種結論，與使用百次而推得的結論絕對不會相同，但這百次並不會不同於只做一次的結論，這之中的推理過程在哪裡呢？我提出這個問題，一方面是爲了獲得知識，另一方面也是要點出它的困難。我無法找到、也無法想像、任何像那樣的推理。但是如果有任何人不吝教導，我願意學習。

應該可以這麼說，我們能從可以感覺的屬性（sensible qualities）和祕密能力之間，藉由許多一致的經驗推理出當中的一種聯結。但不管用任何說法，似乎都提出了相同的困難。我們仍要詢問這個推論的基礎有什麼過程？它的中間步驟、加入的想法，它們參與這個命題之所以與其他的非常不同的原因爲何？人們都同意麵包的顏色、一致性和其他可以感覺的特質並不會與它的滋養和支持生命的祕密力量不會固定連結。假如它們會，那麼當我們從一開始遇見它們可以感覺的屬性，在我們還缺乏長久的先驗經驗時，就能推斷出這些祕密能力，而這與所有哲學家相信的、與明顯的實際眞相牴觸。先從我們對自然狀態的無知來看，我們對於任何事物的力量和影響一無所知。經驗如何解決這樣的無知？經驗所做的不過是告訴我們相似的物體具有相似效果；它告訴我們，那些特定物體在特定的時間內，具有這樣的能力和力量。當一個具有相似可以感覺到的特質的新物體產生時，我們預期在它身上看到相似的能力和力量，以及走向一種相似的結果。我們預期具備和麵包顏色、一致性的東西能滋養我們，但我們肯定必須解釋這當中的思維運作。

當有個人說：「我從所有過去的例子都發現了像這樣可以感覺的屬性和那樣的祕密能力是接連在一起的。」然後他接著說：「相似的可以感覺的屬性，將會永遠與相似的祕密能力聯結。」這人不是在說重複的話語，而且這兩句命題並不相同。但要是你說這句話是從另一句話推論而來的，那我們必定要承認這個推論既不是直覺的，也非證明性的。所以這種推論到底具有什麼性質？若說它是經驗性的，就是拿問題回答問題，因爲凡是從經驗而作出推論的，都是將「未來與過去相同」而且和「相似的能力總是與可以感覺的屬性相接連」的這種假設作爲基礎。倘若對這些推論有所質疑，而且認爲自然運行可以改變，以及過去不可以作爲未來的法則，那麼經驗將毫無用處，又哪來推論和結論產生呢？所以從經驗而來的理論不能證實過去與未來相同。因爲所有這樣的理論，都是根據這樣相似性的假設。現在假設事物的進行非常有規律，但若只是單憑這一點而沒有某種新理論或新推論，也不能證實將來也總是會如此。你自認爲能從過去經驗而熟知物體的本性，那也是沒有用的。因爲即使在萬物的可以感覺的屬性沒有任何變化的情況下，它們的祕密屬性，本來就是有可能會隨著結果和影響而改變的。以某種事物來說，這樣的情況是有時候會發現的；既然如此，爲何不阻止它而不常使它發生呢？有某種事物既然已是這樣，又怎麼阻止所有的事物不這樣呢？你要用哪種邏輯和推理過程，來反對這樣的假定呢？你回答說：「我的行爲將會駁倒你的疑問」，但是你要是這樣回答，就是誤解我的意思了。當我在思考如何表現時，我對於未來會像過去一樣感到滿足；但做爲一位喜愛詢問、具好奇心（我不會說自己是懷疑主義者）的哲學家——換個方式想，我想知道這樣推論的信心依據爲何。我所讀過的書或做過的研究，沒有能幫我解除這些困難的。當我把問題放在公眾面前，即使我對它不抱任何解決的希望時，我還有其他更好的辦法嗎？這種情況下我們至少應注意到我們的無知，即便無法增長我們的知識。

如果因未能研究出一個特定論點的存在，便做出一個它不存在的結論，那是相當不可原諒的傲慢。即使是一位學識淵博的學者試圖探究但仍未找到，因此他信心滿滿的作出「這個問題必然超越了人類的理解」的結論，可能依然是相當魯莽的行爲。雖然我們考察了所有我們知識的來源，歸論它們並不適合用來討論這個問題，但是我們仍然可以猜想是因爲這些來源的清單尚不完整，或是考察得不夠精確。然而，對於我們現在討論的問題，我有不少理由能說我的結論一定是正確的，而且會這麼想也絕非傲慢。

可以肯定的是，最無知和愚蠢的農夫，甚至是嬰兒和野獸，依據觀察事物的結果而學習到產生這些結果的自然事物的特質，透過經驗而增長知識。當一個孩子碰觸蠟燭的火焰時會感到疼痛，他也因此會注意不要再將手靠近任何蠟燭，而且預期任何原因都會產生類似於它外表的相似結果。如果你斷言這個孩子能夠透過某種推理過程作出這樣的結論，對我而言要求你把這樣的論點拿出來也是公平的，而你完全沒有理由拒絕。你不可以說這個論點太困難和複雜了，不是你能考察出來的，因爲你才剛說過一個初生嬰兒也會覺得容易！所以要是你有片刻猶疑，或在你產生任何複雜或深奥的論點的反應之後，實際上你已放棄回答這個問題，並且承認並非推理使我們之所以假設過去與未來相似，並預期相似的原因會產生相似的結果，並非是來自於推理。這正是我試圖在這一章中建立的命題。如果我是對的，我不會聲稱自己有多偉大；如果我是錯的，那麼我必須承認我是一個很糟糕的學生！因爲有個論點打從我出生以來就非常熟悉，而我現在竟然還未能發現它。

【注釋】

①歐幾里得（Euclid），前三二五—前二六五年，古希臘數學家，以數學作品《幾何原本》聞名於世，該書被視爲歐洲數學的基礎。——譯者註

②這裡用「能力」一詞來說明有些鬆散和通俗了。更精準的使用它將能加強這種論點的力道，見第七章。——原註

# 第五章　關於這些疑問的懷疑主義的解決方式

# 第一部分

人們喜愛哲學的激情，就像喜愛宗教的激情一樣，似乎常常陷入一種不利的處境。如此喜愛哲學，目的雖然是爲了矯正我們的行爲，免除我們的過失，但是如果不經過謹愼思考，那麼反而最終會使我們的內心依循天生的傾向。當我們敬仰著名哲學家的大方及定力時，這樣的效果或許會使他們的哲學，有可能局限他們的理論在我們心中的效果。可能同等於愛比克泰德①或其他斯多噶學派的哲學理論，不過只是一種更爲精巧、自私自利的系統而已。而且因爲推理而愈推愈遠，超過我們人類以美德及符合合群的範圍外。當我們在留心研究人世的虛榮以及推出我們的一切思想，使它們趨向於榮華富貴轉眼即逝，我們此時不過只是恭維我們本身自然的怠惰，像這樣的人，討厭世界的紛擾及事物的勞苦無味，用理性當藉口，而恣意縱情於怠惰之中。雖然，在許多的哲學理論中，有一種倒是不會沒有這種缺點，因爲這種哲學不會觸及人心中過於紊亂的激情，也不會與任何自然的感情或傾向混在一起，這種哲學，就是學院派的哲學，或者稱爲懷疑主義哲學（sceptical philosophy）。學院派的理論常常是懷疑而不做出結論，因爲倉促的判斷有其危險性，理性研究必定要限縮在一個極小的範圍之內，而且凡是日常生活內用不得到的思辨內容，就要拋棄掉它們。所以除了這一學派之外，沒有其他哲學能夠像它一樣，與無所事事、魯莽的傲慢、浮誇的聲明以及迷信容易受騙具有相反的特性。這種哲學除了對眞理的酷愛之外，對所有的激情都不會有過度的影響，而對眞理的熱愛，也永遠不會太超過。如此的哲學必定是最沒有害處和無辜的，但令人吃驚的是，它反而受到眾人無理的批評，被抨擊是自由主義、褻瀆神明和沒有宗教信仰。也許是因爲它的無害和無辜，所以受到眾人的厭惡。它因爲不會鼓勵許多未受規範的激情或習性，支持者很少；又因爲反對大多數的罪惡和蠢事，到處樹敵！

這種哲學，竭盡全力的將我們的研究限縮在平日常用到的道理內。我們不用擔心這理論會有傾倒翻覆的時刻，平常人生中的理智性，也不用畏懼會推進一切懷疑以至於破壞所有的行爲跟思辨，自然會永遠保持它們的權利，以及直到最終必定能戰勝任何抽象的推理。例如我們在前一章的結論，凡是經過經驗而來的推理，其中肯定至少有一個步驟並不是來自於任何論點或思考，但這些經驗性的推理必然是我們幾乎所有知識的基礎，而且沒有機會將它們自身的存在從這些根據合理論點的發現之中去除。如果我們不是藉由過去的經驗推斷這個步驟，我們必定會受到其他相等力量的，另一個在生活中更強的原則所引導，只要人們依然有相同的天性。而那股力量究竟是什麼，則值得我們探究。

舉例而言，有一個聰明絕頂、極富思辨能力的人突然來到這個世界，他會很快地就觀察到一個事件，隨後便會跟著另一個事件這種情況，但這也是他僅能觀察到的事情。他不能得知這件事情發生的原因及影響，因爲進行這事件活動的力量並不會在一開始便表現出來，再者也沒有理由推論一個事件的發生僅只是跟隨著另一個事件。（前者是原因，後者是結果）兩者之間之所以互相連結可能是任意而且偶然的。簡單來說，直到這個人有更多經驗，他才能對任何事情定出一個推論，或者確信任何來自於他的記憶和感受的事情。

現在假設這個人獲得更多的經驗，而且在這世界上活得夠久，足以觀察許多相似的連續物體或事件，他能從這樣的經驗得出怎樣的結論？他很快便會推斷這個物體的存在是來自於另一個物體的出現！雖然他的經驗還沒有提供他有關這股神祕力量驅使他做出（此物體的存在是來自於另一物體）推論的任何想法或者知識，但他會發現他無法不做出這樣的定論，而且毫無動搖，即使他覺得這個推論背後根本沒有任何知識支撐。正有股力量正在運作，強力的驅使他思考出這樣的一個定論。

這股力量就是「習慣（custom）」或「習性（habit）」。當我們傾向做出某種行動，或以某種方式思考，不是基於某種理性或思維過程，而只不過是我們過去一直以來這麼思考，我們總是稱這種傾向是出於「習慣」的影響。即使使用習慣來形容，我們卻不會聲稱這是歸因於這種傾向的理由。我們所做的是指出所有人都同意的，人類天性的本質，而且它的影響眾所皆知。這也許就是目前我們能達到的境界。也許，我們無法發現這股力量（原則）的原因，但也必須對我們所能達到最深入已知的、用經驗解釋所得的推論感到滿意了。我們能力所及能走到這裡，應該感到滿足了。如果我們的能力無法使我們走得更遠，也不該抱怨。我們至少已有一個明智的，而且可能是對的假設：兩個連續不斷的物體——像是熱與火，或重量與體積，單純的習慣使我們經常看到這其中的一種時，就能預期到另一種。確實，這似乎是唯一能夠說明這個問題的假設：我們如何能從一千個實例中推斷出一個假設，而不是僅從單一個與這一千個在各方面十分相同的實例找出這個假設。理性並非如此，就好比從一個圓圈所獲得的推理，其實就跟檢查了所有宇宙中的圓圈所獲得的推論相同。只是沒有人曾看過一個物體被另一個物體推動而移動的情況，就能假設所有其他物體的移動都有相近的碰撞方式。於是，所有來自經驗的假設，都是習慣的影響，而不是出於運用理性的判斷結果。②

因此，「習慣」是人類生命中的重要指引。只有它使我們的經驗成爲有用處的東西，讓我們預期一些未來碰上的事物，就像那些過去在經驗中出現的一樣。沒有習慣帶來的影響，我們將完全忽視所有曾直接出現在記憶及感受中的事實。我們完全不會知道，爲了達到一個目的，該採取什麼手段；我們不會運用我們天生的能力去產生任何想要的效果，這就是我們所有行動和多數原本可以發展成爲理論的終點。

然而，我應該指出一點，儘管我們從經驗而來的推論超越我們的記憶和感受，並使我們確信所有發生在遙遠地方及許久以前的事實，這些推論必定都需要經由我們當下的感受和記憶進行思考。有個人在沙漠發現一些雄偉建築物的遺跡，必然會推測這片沙漠在很久以前一定有人居住；但他若是看不到這樣的事實（亦即擁有這樣的經驗），他永遠都不可能做出如此推測。我們從湮沒於歷史中的事件學習到這樣的經驗，但要深入了解，必然得從書本中獲得更多資訊，從其他報告中得出推論，直到最後我們找到親眼看過這些悠久事件的目擊者或是旁觀者。總之，如果我們不是從記憶或感受中獲得事實並推得假設，我們的推理就只會屬於純粹假設性的，而不論其中所發現的連結有多麼強而有力，整個推論網絡仍會缺乏支持的論點，我們也無法用它來獲取任何眞實存在的知識。假設我問你爲何相信某個特定的事實，你可能會給我一些理由，這些理由必定與某些事實連結，但你卻無法永遠依靠著這個論點繼續討論，最後你還是要用某些來自於妳的記憶或感受中所獲得的事實來說明，或者必須承認你最初的想法不具任何基礎。

從上述這些可以做出什麼結論呢？雖然與哲學的普遍理論相去甚遠，卻十分簡單：一切關於事實或眞實存在的事情，都是從之前的記憶或是感受而來，並且來自於它和其他習慣性事物之間的連結。換句話說，有許多實例中的兩樣物體：火與熱、雪與冷，經常同時出現，如果火或雪重新出現在我們的概念當中，我們思維的習慣會預期出現熱或冷的概念，並且相信它們的存在。而當我們更接近其中一種的時候，會更加確認這樣的想法。這種信念是人們思維在那樣的情況下必然的結果。我們的心靈是這麼認爲的，獲得好處時會感受到被愛，或因爲受到刻意的傷害而感受到憎恨。這些心靈的運作都是自然的本性，它無法受到任何思想和理解的推理過程而產生出來，或者被阻擋而消除。

說到這裡，我們能合理的使哲學思想在此停下腳步。絕大多數的問題，永遠無法再往前獲得更多；而所有的問題，在做了最讓人心煩的探索與查詢以後，必定最終得停滯下來、不再追問。儘管如此，人們的好奇心可被原諒，也可能是值得嘉許的，也許它仍能帶領我們往更深入的學問追尋，並使我們對信念的天性，以及這種習慣性的連結做出更精準的檢視。這或許可以替我們帶來一些解釋和類比並以此滿足，至少是給那些喜愛抽象科學且享受其中臆測的人。因為不論再如何精準，仍然需要保持一定程度的質疑和不確定性。至於那些有不同觀點的讀者，本章的第二部分並不是為他們寫作的內容，即使略過閱讀此段，也不會影響他們對於本書的閱讀。

## 第二部分

沒有什麼比人類的想像力更加自由，即使它受限於人們的內在及外在感受所提供的原始意念，在各種虛幻之中，人們仍有無限的力量進行混合、連結、分開以及區別這些意念。它能用所有真實創造出一連串的事件，把它們歸咎於一個特定時間及地點，將它們認定為真實發生的事情，並以極大的可能認為這件事真實存在過，盡可能極細地描繪發生在其中的歷史事件。到底什麼是這種虛幻和信念之間的差異？這可不是說「有一個特殊的、參與所有命題的觀念，我們都同意那種觀念存在而且不認為它是虛幻的」。這是因為心靈對所有的觀念都有著主宰權，所以「這一個特殊觀念」存在，可以任意地加入所有虛構的觀念，因此能相信它所想要相信的任何事情。這與我們日常所有的經驗是不同的。我們可以把所有想法，如人頭與馬身放在一起，但卻無法選擇相信人馬這種生物是真實的存在。

虛幻與真實信念之差異在於某種感情或情緒，這種感情或情緒是附加在信念之上，而非對虛幻所附加的某種情操或感受，它是一種既不需要依靠意念，也不能被心意隨心所欲控制的感受。它必須是由自然所引發的，就跟其他情感一樣，而且必定是從特定思維的情況中、在特定時刻所產生而來。不管何時，任何物體只要在記憶或感受之前呈現出來，它便會立即引起想像——因爲習慣的力量引起——認定這個物體通常會結合的內容，而這個概念隨之而來會興起一股情感或情緒，與那些寬鬆的白日夢幻想不同。這就是信念的本質。因爲無論再怎麼堅信的事實的眞相，我們也能預先設想好它的反面，所以如果沒有某種感情讓我們辨別它們，那我們承認的概念或是我們拋棄掉不承認的概念也就沒有區別了。當我看到一顆撞球在一張平滑的桌子上移動，我能毫不思索的認爲它會因爲碰觸到東西而停下來。這個概念毫無矛盾，但仍然與我在心中所思考的，根據球體之間碰撞而來的運動概念非常不同。

假如我們試著定義這種情感，可能會覺得很難這麼做，雖然不是不可能，但它的難度就像是對那些從未有過冷的感覺或憤怒情感經驗的人，如何定義冷的感覺或憤怒的激情一般。「信念」便是這種感受的適當稱呼，而且所有人都知道這個詞的意義，因爲每個人都擁有信念，於此都會特別意識到這個感覺。仍然，試圖描述這種情感是值得的，我希望能好好的透過類比的方式加以解釋。依著這個精神，我提出以下看法：「信念不是別的，就僅是一個生動、活潑、強烈、堅實、穩固的物體的概念，由任何想像單獨形成而來」。

這五種術語，聽起來不是很有哲理，但它只是爲了表現那種行爲，使現實或者是我們認爲是現實的，比起那些虛幻更呈現在我們眼前，使他們把思想看得更重，給激情與想像更多影響。如果我們同意這件事，便無須爭論這些術語。想像力能命令所有的想法，加入、混合以及使它們以各種可能的方式變化。它可以用任何地點及時間的情況設想出虛構的物體。它可以創建虛幻——用一種方式——以其眞實的顏色，就像它們應該如此存在一樣，呈現在我們的眼前。我承認很難完美地解釋這種感受或是概念的樣貌。我們可以用一些詞彙，像我已經在這麼做的，更接近地形容它；它眞實而且適當的稱呼，像我們之前觀察到的，就是「信念」——一個在日常中每個人都能充分理解的詞彙。在哲學中我們可以接近到更進一步的眞理，支持信念正是一種思維所感受到的，能將判斷的想法從幻想中的虛構區別出來。這給了信念穩固性及影響力，使它們呈現更大的要項，強化思維，而且使它們成爲我們行動的主要原則。例如：現在我聽見一個認識的人的聲音，這聲音像是從隔壁房間傳來。這個由我的聽覺立即體驗到的印象，將我的想法帶至聲音的主人究竟是誰的問題，以及環繞在主人身上的物體。我將這些東西以我先前認知的同樣品質與關係，在內心描繪的就彷彿它們正出現在我旁邊。這些想法比那些虛構的東西使我更加堅定，就好比一座空中花園。它們是兩種相當不同的情感，而且不論它是給予歡樂、痛苦、喜悅或傷心，它對這些想法有著更多、更重要的影響。

因此，讓我們接受這個學說的所有內容，信念的感覺不是別的，僅是一種比虛構的想像更爲有力且堅固的概念，而這種概念的形式來自於呈現於記憶或感受中的習慣性連結。我想（基於以上的描述）找到類似於信念的思維不會太困難，而且可以將這種現象置於更爲一般的原則之下。前面已經提過自然基於特定想法上所建立的連結，再者也沒有更快的方式，一個想法剛剛從思緒中發生，並不是介紹了它的關聯性——就好比，自然連結了這個想法——並請將以一種輕柔的、潛移默化的移動方式引起我們的注意。這種自然連結或是關聯的準則可以歸結爲三個基本的原則，也就是「相似性」、「連續性」及「因果關係」。這三個原則是唯一將思緒合作的原則，在或多或少的程度上對眾人產生了一般的思緒或說法的序列。但是現在又有個問題，也就是對於目前所遭遇的困難要如何解決。究竟這些關係中的每一種都會發生，一個物體呈現在我們的感受或是記憶之中的時候，不僅是引出相關的概念，更會帶來所謂的信念，亦即一種比它所能達到的更爲有力且堅強的概念？這似乎是因果關係產生信念時會發生的事情。如果因果關係也適用於其他兩者概念的關聯性或連結，這將被視爲人類理解行爲的運作原則。

第一個相關實驗，讓我們看一下一位舊識的照片，我們對他的印象顯然會受到這張照片而將他的形象活躍於眼前，而且產生對這個人的各種想法，不論是開心或是難過，都是獲得新的力量和活力。這種影響是由關聯性與當下印象之間的連接運作所產生。如果這張照片跟他不像，或無法描述出這個人，也不會將我們對他的想法傳達出來。當這個照片跟人都不在我們眼前的時候，即使想到這個人，或有這樣的想法，也是相當微弱且不會強化我們對他的印象。當我們看到一位朋友的照片時會感到開心愉快，因爲有著這樣的預設；但要是這種預設不存在（沒看到照片時），我們對這位友人的想法會傾向於藉由一種直接的、又遙遠、黯淡的方式摹擬他的樣貌。

羅馬天主教（Roman Catholic religion）中的儀式可以作爲這種現象的例子。當虔誠信徒埋怨起一些形式荒謬的儀式時，他們之間通常爭論的是，這些外在行爲、手勢以及動作使他們有良好的感受，這使他們的奉獻活躍、強化他們對宗教的熱情。反之，如果直接面對距離遙遠且無形的物體，例如上帝，則會消退。「我們刻劃信念的形象」，他們這麼說，「用明晰的圖片和圖像，這種即刻的表現方式使它在睿智的形象和冥想時呈現在眼前」。簡單且容易察覺的物體，比起其他事物，總是能對想像具有更大的影響力，而且很容易就能將它們的影響性傳達給相關和近似的想法。我從這些實例推論得出的是，相似性對活化想法的影響十分常見，而且由於對任何一件事相似性跟一個當下的印象必須同時運作，我們可以從一些實際用以支持上述原則的例子來說明。

我們或許可以透過其他不同的例子加強這樣的概念，帶入跟相似性類似的連續性的影響。距離的確削弱了每一個想法的影響，當我們更接近一個物體——儘管感受並不會告訴我們——它對思緒的影響會由一個即刻感受性的印象而來。在腦海中想像跟一個物體連續相關的東西，但它只是以更大的力量傳遞思想的一個物體的實際存在。當我離家鄉很近的時候，無論是什麼與家鄉相關的事物都令我動容，具體的影響甚至興發在任何事物上，例如我朋友住的社區或家庭等自然產生的相關任何想法。然而像這樣例子，任何想法中的物體——它所帶來的以及將引起的——都是「觀念（ideas）」，而不是我們稱之爲「印象」

的那種活潑概念。雖然它們之間有個簡單的轉換方式，但這種單一的轉換無法比想法給予任何一個更佳的活力，主要的原因就是因爲這些事件缺乏立即的印象運作。③

沒有人可以質疑其中的原因與相似性及連續性二者具有相同的影響。迷信者喜愛聖徒的遺跡，就跟喜愛擁有畫作或圖像是同樣的道理——也就是將他們奉獻的熱情生動地呈現在眼前，加強並深刻這種模仿生活的概念，進而讓他們想模仿。對信徒來說，顯然最好能夠取得的遺跡是一些由聖徒所創造而來的，例如他所穿過的衣服或使用過的家具，因爲這都是受到這位聖徒周遭所丟棄或移動而影響的物品。這讓我們想到一些聖徒「不甚完美」的影響，因爲他並沒有使這些東西存在，而僅只是經由他的擁有，使這些東西歷經變遷。這些東西比起其他事物，只是因爲跟他有著短暫連結的結果——人類留下來的物證、墓碑、書寫紀錄等——是讓我們知道他眞實存在過的東西。

假設我們遇到了一位好友他早已死亡或失蹤已久的兒子，顯然這個物體（這位兒子的物品）會很快地喚起相關的想法（也就是跟這位兒子有關的想法），喚出所有過去的跟這位友人親切或是家庭的密切關係，比起過往呈現出的樣貌是更爲生動繽紛的想法。這似乎是正是上述準則的另一現象。要是沒有關聯性就不可能產生作用。圖像的作用使我們堅信我們的那位朋友曾經存在過。如果我們不相信家鄉存在，那麼即使是鄰近家鄉，也永遠不可能激起我們對家鄉的想法。我主張這種信念，在超越記憶或感受之外，有一個剛才我解釋過的思想的轉換以及活力的概念。

當我將一塊乾柴扔進火堆，我會立刻有一個關於火勢旺盛而非熄滅的想法出現。這種想法的轉換原因是沒有道理而來的。導致如此的原因是出於習慣及經驗。起初一個物體呈現於我們感受之中的是，當我看到乾柴丟入火堆內，這個畫面使火焰的概念或是想法比起它本身鬆散或是飄忽遐想的想像力來得更加強烈及生動。關於愈燒愈烈的火焰的想法迅速出現，並且將之傳遞給所有呈現於感官之印象的概念力量。一杯紅酒可能突然會給我的概念是傷口與痛苦；但這不會比起一把劍抵在我的胸口上的這種印象來的強烈！但什麼是這整起事件引起這樣一樁強力的概念，從當前的物體及習慣轉換到另一個物體上，也就是我們習慣與前者結合？這就是我們腦海中所有推論中的一切事實和存在，而如果能找到一些類比加以解釋便能感到滿足。在所有的情況下，從當前對象的過渡給予力量和對相關理念的堅定性、過渡的過程。

這裡，必須說便是一種介於自然過程與我們觀念順序之間的預定和諧（pre-established harmony）。④即使自然的力量是被我們全然不清楚的力量掌控，我們的想法與概念已經出現在配對那些順序以及自然的其他工作。這種對應是由習慣帶來，對人類的生存以及生活中各種環境下所產生的行爲規範是必要的。假使不是像這樣，物體表現上的各種想法通常也跟著結合在一起，我們的知識會受限於我們的記憶和感官這種狹小的範圍。我們絕對無法找到對應的方式以達到目的，或是運用我們天生而來的力量尋求良善的結果、遠離邪惡的。那些喜愛追尋以及思考的背後原因的人（這裡指自然之中），在這裡有許多令人傾慕及佩服之處。

此處有一點進一步證實我所提出的理論。我們可以從一些來自原因的影響進行推論心智的運作，反之也是如此，對生存極爲重要到甚至不可能根據這些原因託付給那些荒謬的推斷。那些原因的運作很慢，很少在早期就顯露，甚至更好的是——即使是成人——都極有可能犯錯。這合乎自然的原始智慧，心智的運作需要由某些直覺或自動的傾向來確保其運作不會出現錯誤，並且在生命及思想初次出現時，獨立運作於艱難的推理過程之外。如同自然教我們使用四肢而不授予關於肌肉及神經運作的知識，它也替我們植入一種本能，能藉由外部事物傳授的過程連結到另一過程——儘管我們常忽略這些規律性過程及物體承繼此番過程其中運作的力量。

【注釋】

① 愛比克泰德（Epictetus），五五—一三五年，古羅馬斯多噶學派的哲學家；斯多噶學派，由哲學家芝諾於西元前三世紀時創立的哲學派別，強調人性。——譯者註

② 作家經常將理性從經驗中區別出來，他們認爲這兩種推論的方式完全與另外一種具有很大差異。理性的論點是，從想法到結果的過程純粹出自於我們的心智官能，以這種看法爲基礎建立的科學及哲學的幾種原則，這些原則由自然事物的先驗知識、對它們運作產生的結果的檢驗而來。從經驗而來的論點則是這樣的過程完全來自於感受和觀察，我們從中學習到實際發生於特定物體的運作結果，而且推論這些結果在未來也會發生。例如：人民政府的限制與維持，以及一個立法機構可能會被用來替以下辯護：無論是理性——反映在人性極大的脆弱與崩壞之上——告訴我們沒有任何人可以在毫無限制的權威約束之下被全然信任；或是經驗和歷史，因爲這些使我們知道在各個時代都有相當多濫用的情形來自於如此過度的權威。

在我們所有關於生命進行的討論中，理性和經驗維持著同樣的區別。雖然富有經驗的政治家、將軍、醫生或是商人都受人信任跟遵循，但在他們還是那些未經訓練的新手時，不論這人再怎麼極具天賦都會受到忽略和輕鄙。人們說理性能使一個人做出看起來更能確保X類型出現在Y類型情境下的可信評估，但他們卻將理性視爲沒有那麼好，除非理性是從經驗當中獲得幫助的。只有經驗（他們把握的）可以從他們透過理性在研究和反映中獲得穩定和確定的結果。儘管如此，這種區別在實際生活和思辨情況中受到普遍性的接受，我不會有任何懷疑說這完全是錯誤或至少是相當膚淺的。

假如我們檢驗㈠上述原本不過只是推理和反省的結果所說的論點，將知道這些理論終究是歸結於某些依據觀

察和經驗而來的普通原則。像這樣的結論或原則，與㈡普遍被人爲來自純粹經驗的原則之間的差異，是在於㈠無法在缺乏思想過程下建立起來——經由我們觀察而來的反省，爲了整理它的細節和追蹤結果——而在㈡經驗過的事件就會完全像是我們對於新情境的預測。假如我們的君王並未受限於律法，他們可能會成爲專制君主，像是㈡藉由提庇留（Tiberius Claudius Nero，前四十二—西元三十七年，羅馬帝國第二任皇帝，在位期間因性格深沉，加以對抗政敵的手段殘暴，未獲臣民喜愛。他的形象在羅馬作家筆下多半爲暴虐、好色）或尼祿（Nero Claudius Caesar Augustus Germanicus，三十七—六十八年，羅馬帝國皇帝，以專制、浪費、殘暴等暴君形象留名於史）留下令人畏懼的歷史；或㈠透過我們發生在私人生活上的欺騙或殘酷事件，這些事件是關於作爲人類天性普遍腐敗和放置過多信任可以讓我稍加思考的證據。每一情況之下，讓人感到恐懼的基礎都是來經驗。不論是年輕或無經驗的人，都會受到他的經驗帶領到許多關於人類事物的一般事實和生活的運作；但是他將會傾向做出錯誤的實踐，直到時間以及更多的經驗擴大了這些事實的範圍，並且教導他如何運用。儘管他再怎麼有天賦，他還是很可能對於他應該作出的結論，或是行爲，忽略了一些情況的細節之處。他當然會具有一些經驗。當我們稱某人爲「毫無經驗的推理者」（unexperienced reasoner）時，我們的意思只是他沒有太多經驗。——原註

③ 西塞羅這麼寫：「這究竟只是一個關於我們天性的事實，或是由於某種錯誤，以至於我們更傾向於看到那些聽說過某些顯赫人士曾出現過的地方，而不是聽過他們的事蹟或是閱讀過他們的作品？的確，我現在受到感動，我想起柏拉圖（我們接受過的那些較短）是第一位在這裡舉行討論的人。而且這些花園不會只是使柏拉圖的事情映照在我的眼簾，它們就像把這個人放在我面前一樣。像這樣便是這些地點具有的建議之力量。記

憶訓練便是基於此而來，這並非缺乏理性的說法。」（西塞羅《論界限》第五卷·第二部分）——原註

④ 萊布尼茲創造的詞彙，用以說明上帝在創造萬物時，早已預先安排好物體各自的軌道，讓宇宙組成一個和諧整體。——譯者註

# 第六章　關於概率

即使世上沒有所謂的機會（chance，又譯爲機運）這種東西，但是我們對於各種事件的眞實原因的無知，仍對我們的理解具有相同的影響力，並且會使我們產生一種相信機會的這種類似信念或是看法。①

無論在任何一方面，機會出現的次數變得多了，就非常可能會產生一種稱作概率（probability，又譯爲或然率、機率）的成分。當這種概率多過相反的機會次數，概率也隨之變高。要是這樣的概率提高，就可能會產生更高程度的信念。一顆骰子有六面，其中有四面都是紅點，剩下的兩面是黑點，那麼自然擲到紅點的機率會較高。假如有一顆骰子有一千面，其中九百九十九面是紅點，只有一面是黑點，擲到紅點的機率必然會很高，我們也會預期擲到紅點的機率絕對是最高的。這樣的想法或推理過程雖然好像顯得不太重要，但若是精細的審思，或許可以做爲一些提供給好奇者的思考材料。

當心靈盼望著揭露事實就像與擲骰子的結果相同，就會考慮每一面骰子都有相等的出現機會，這便是機會的本質。也就是它所包含在內的所有事情，都有均等機會被我們發現。盤算最終出現的結果之前，必須依賴許多不同概率或機會出現的次數，人的心靈也有許多遇見這種發生一個結果（出現2）的次數比起另外一個結果（出現3）更常出現的可能。像這樣的情況包涵了幾個參與一個特定結果的觀點會立即發生——是出於一種自然無法解釋的巧妙現象——儘管我稱之爲無法解釋，如果我們要是承認相信這種信念不過只是對一個物體的更爲穩固和強烈的概念，而不只是附著於想像是虛構杜撰出來的，那麼當中的運作可能在某種程度上是可以解釋的。這幾種觀點或我們所瞥見的幾個部分的混合物，因爲銘刻在想像力之上，所以更爲有力；除此之外，還提供超越的力量與活力，使它觸及的激情和情感相較於感受，更爲顯見。簡單來說，像這樣就會產生某種可以依賴或穩固性，形成信念以及看法的本質。

與機會的概率相同，原因的概率也有一樣的情況。有多數的原因，完全是統一與永恆不變，以此產生一種特定的結果。對人們來說，火焰會使東西燃燒，水則會令人窒息；藉由撞擊和重力產生動作，也是沒有例外的宇宙準則。但有些原因卻可能被認爲並非常規，也非特定。例如服用以下藥物的人都知道：我們吃了薑黃之後並不總是腹瀉，服用鴉片之後也不見得總是昏睡。只要是不合常理的原因，科學家不會將這個原因歸於任何自然中的不規則因素，而是假設某些祕密原因阻止了當中運作的某些部分，但我們對這番結果的推論就如同「祕密原因」原則一樣不適用。習慣使我們把過去的論點轉移到未來的推論，以至於過去任何規律和一致的推論，我們都會相當自信地預期著一般性的結果，而不會留有作出相反假設的空間。但若是跟隨著看似完全相同的原因，卻出現不同的結果，這些結果會以過去通往未來般，出現在我們的腦海之中，並且必定會計算這個結果出現的可能性。儘管我們傾向偏好那些最常見的原因，並且相信這次這些結果也會出現，我們仍必須考量到其他結果，按照比例分派一定的份量及權威給它們，正由於這樣的情況或多或少是會頻繁發生的事情。在一月的整個時期，幾乎是歐洲的每一個國家，都會比其他無霜的季節更加容易出現霜；儘管這種可能性會根據不同的氣候變化，而且在更爲北邊的國家更加明確。此處相當明顯的，當我們把過去的經驗轉換到未來所遇到的事情以預測這種結果，我們將所有的結果以它們在過去出現的同等比例去設想（舉例來說）一件事情曾出現過一百次，另一件事情出現過十次，還有一件出現過一次。這番大量的觀點指向一個結論，它們強化而且使我們確信了想像力，產生一種我們稱之爲信念的情感，使我們更傾向於與那些由許多經驗所驗證的結果相反的結果，而且我們從過去轉換到未來的思維當中不會頻繁出現。試著在任何已被接受的哲學體系的基礎上解讀心智的運作，你就會發現是如此的困難。在我看來，如果我所提出的線索激起了哲學家們的好奇心，使他們注意到所有他們在有趣和高深主題的處理上都不過是具有許多缺陷的普通理論，我就能感到十分滿足了。

【注釋】

①洛克將所有論證分爲證明性的以及概率性的兩種。用這種見解來看，我們必定會說「太陽明天會出現」或是「人類必然會死亡」，只不過是有可能發生的事情。只是爲了尋求合乎大眾理解的語言文字，就應當把各種證明分成三種：演證（demonstration）、驗證（proof）、概率（probability）。我認爲的驗證，意思就是指那些依賴經驗而生的理論，不具有讓人懷疑或是反對的空間。——原註

# 第七章　關於必然聯結的觀念

# 第一部分

數學相較於道德哲學更具有優勢。數學的觀念，能明顯感受到，而且經常是有規則的。數學的觀念，最細微的差異就是能夠直接或立即感受到。而且一個數學名詞的概念，不管放在哪裡都會是相同的意思，不會有模稜兩可的空間，也不改變。雞蛋形狀就只是雞蛋形狀，絕不可能誤作爲是圓形；雙曲線不能誤作爲橢圓形；等腰三角形跟不等邊三角形，兩者間有區別的界線存在。這些區別相當明確，完全不是善與惡、對與錯的差別可以相比的。假如在幾何學中已界定好一個名詞，學者們自然就都以這個界定來解讀這個詞彙。即使沒有說明，這個詞彙規範的意義本身，我們仍然能從感官當中明白，因此可以從容且明顯的了解。但是心靈是更爲精密細緻，「理解」這樣的心智活動、「激情」等情感上不同的騷動與紛擾，雖然各自具備實質意義，但又有各有不同。當我們用內省的方式檢視，也容易無法捉摸其中的意思。而我們有機會可以對某事物進行冥想時，也沒有辦法追溯該事物的源頭。由此可見，模稜兩可的內容，逐漸會介入我們的推理之內，把同樣或相似的事物視爲相同的事，導致結論跟前提差異很大。

即使如此，我們在適當的角度中考慮這兩種學問，實際上這兩種學問的利弊可說幾乎是互相抵消後相同的，可以簡化成爲相同的概念。假如心靈比較傾向於保留幾何這種明顯概念，以及已成定理的地方，那麼我們必定要推行較長且較爲繁複的推理，而且一定要比較其中相差甚遠的諸多觀念，然後才能獲得隱藏的眞理。關於道德理論的許多觀念，要是沒有細心考量，就很容易陷入陰暗不明跟紛亂中。不過和數學的研擬數目相比較，推論的過程較爲簡短，引導進入結論的步驟也比較少。像是歐幾里德的幾何理論中，就很少有簡單的命題。其中，沒有任何一部分是多過於任何一種道德學問的推理的，而且不會流入於奇怪難解的內容。我們探討人心的原理，只要走過幾步就能夠滿足於獲得進步的感受；因爲相關的研究，經常是討論不久之後就自然會遇到阻止我們繼續探討前進的阻礙物，若是如此，也只能承認我們是愚昧的。因此在道德學及形而上學中，最大的阻礙便是不明的觀念和名詞的模稜兩可性。而數學最難的地方，是它所以要用來作爲結論前的推理過程太長，以及所涵蓋範圍太廣的緣故。在自然哲學中，通常因爲沒有正式的實驗以及現象來阻止進步。這樣的試驗及現象經常是偶然獲得的。我們需要用到的時候不見得能獲得，即使有最勤奮謹慎地去研究也是一樣。拿道德哲學與幾何數學或物理學相比，好像沒有太多進步。我們可以這麼說，以本節來看，這幾種科學是有所分別的，抑制道德哲學的情況是最爲困難的，因此必定要具備高等的審愼能力，然後才能推翻它。

由形而上學觀念發展而來的也很多，其中尤其最爲模糊、沒有定論的觀念，也許就屬「能力」（power）、「力量」（force）、「能量」（energy）或「必然聯結」（necessary connection）了。像這幾個觀念，在我們的討論中是常常需要應用的內容。因此在這一段中，我試著給一些名詞下定義，以排除研究中因爲無法理解這些哲學詞彙的痛苦。

我們的觀念沒有別的，就是印象的摹本。換句話說，不管是哪一事物，要不是由外在感覺到，或透過內在而察覺等方式，已經事先有所感受，那麼不可能存在於我們的思維之中。這句話或命題，似乎不能有太多反駁。我在第二章中曾經解說並證實過這一個命題，且希望假使能正當運用在我們對於哲學的推理中，就可以達到較爲明顯跟較爲準確的程度，這並非前面提到的內容能做到。繁複的觀念大概可以透過定義而正確了解，而定義不過以列舉式方式描述其中組成的內容或者只是簡單概念而已。只是當這些的定義雖然是最爲簡單的觀念時，我們仍會看到某種模糊不清與晦暗的地方，因此說到這裡，又有什麼辦法解決呢？要用何種方式釐清這樣的觀念？要用哪種方法，讓我們在理性面前，做出正確及有定論的結論？只有用這個觀念摹仿的印象或原始感覺（情操）能夠做到了。這些印象是很有利的證據，能讓我們感受得到，而且不容許態度模糊不清。像這樣的印象，不單單只是完整放置於光芒之下，而且還能照亮黑暗中隱藏起來的觀念，放大這種概念，就像與那些我們能明顯感受到的概念一樣，使我們能同等的容易理解。

因此要充分曉得能力或必然之間的聯結，最好的方式就是仔細觀察印象。爲了找到更爲確定的印象，就要尋找這個印象得以產生的各種可能來源。

當我們環顧外在事物，考量它們運作的各種原因時，我們絕不可能就單一事物便得知它的能力或必然的關聯性；也就是說絕不可能得知任何從結果而來的聯結，使這件事成爲另外一件事必然的結果。我們只能從這件事接續著另外一件事，得知這是一件完成的事實。例如：第一顆撞球的撞擊力，伴隨而來的是第二顆撞球的移動，我們感受到的外在狀態就僅僅是這樣。由這件事物的相互連接性，並沒有使心靈獲得什麼內部感受或印象。所以無論在任何單獨、特別的因果案例中，並沒有任何一件事物可以引起能力或必然聯結概念。

當我們第一次看見一個東西，絕不可能猜到這個東西會產生何種結果。但是假設任何一種原因的力量或能力讓人心能得知，即便我們缺乏過去的相關經驗，也能預知這個東西帶來的結果，而且第一次看到這個東西，就可以只靠思想及推論說出來。

事實上，物質中並沒有任何一部分，就能使我們藉由感受到它的屬性而得知任何一種力量或能力，或提供足夠的證據使我們把握它能透過想像其他發生物或繼任在這個物體上的其他我們可以稱之爲結果的任何一物。體積、延展性、運動等，都是這個物體自身完整的屬性，絕對無法用以指出其他物體可以產生的結果。宇宙中的各種現象總是在變化，這件事物跟隨著另一事物而來，也是毫無間斷的相互接續。那種推動機械運作的能力或力量，是完全被隱藏起來無法看見的，也絕對無法在萬物的任何可以感覺得到的屬性中發現。就事實來看，我們知道熱是來自於火，但熱與火之間具有什麼聯結，我們沒有任何可以猜想或想像的空間。因此，在物體運作的單獨個案中，能力這樣的觀念，是絕對無法從對物體的思索便能得知，因爲任何事物都不能揭露出作爲這個觀念來源的能力。①

既然表現在我們感官上的外物，並不會以它們在特殊案例中帶給我們能力的觀念或必然的聯結觀念，我們應當研究這樣的觀念是否出自於心靈的反省工作，因此是否來自於任何一種心理的印象。我們會說：當我們意識到內部能力的運作時，在任何時刻都會感受到它的存在，而且經由意志簡單發號施令，使四肢運作，或是改變我們心靈的思維。意志一旦開始動作，四肢也跟著動作。或者在我們的創造幻想中產生一個新的觀念。意志的這種作爲，則是從意識中得知，因此而獲得能力或力量的觀念。而且明確的知道我們，還有其他所有具備心智的物體，都具備這種能力。像這樣的觀念，是屬於反省的一種觀念，它是從反省心靈的運作，以及出於個人意志發出的號令，用以指揮身體器官及精神官能的能力。

我現在要檢驗這個主張，並且先從討論意志對於身體各器官的影響談起。像這樣的影響，與所有其他自然事件相同，只能從經驗得知，絕不能從任何一種表現的力量或能力的原因之中預料得到。如此的原因是從聯合效果而來，使這個成爲另一個，是物的必然結果。我們身體的運作是跟隨著我們的意志號令而來，這是我們時時刻刻都察覺得到的。只是用以造成這種感受，就是所謂意志的能力，來執行如此非凡的工作，我們卻不會有直接感受，即便再怎麼勤奮辛苦的研究，也必定無法知道。這是因爲下列原因：

㈠首先，假設在大自然中，會有一種比靈魂跟軀體結合更爲神祕的原則？基於我們所揣測出的這個原則，它是屬於一種精神層面的事物，因此某種程度能影響物質的實體，讓它可以用精細的思維推動相當粗重的物體，就好比人們的四肢？假如我們透過一種祕密的期望，獲得移動山岳或是操縱行星的軌道運行的能力，這種廣泛範圍的力量，比起用靈魂跟軀體的結合來媲美的這個原則，似乎不會更加超出或遠不及於我們所能理解的內容。但是如果是透過意識而感受到意志中的任一力量或能力，那麼我們必定知道這個能力與它結果中的聯絡或關係，也一定會知道靈魂和身軀結合的祕密，以及必定會知道靈魂跟軀體之間的本質，而這個本質讓它們得以互相作用。

㈡我們知道不能用相似的命令讓所有的器官運作，除了經驗以外，我們無法指出這些器官之間的顯著區別是什麼原因造成的。爲什麼意志能控制舌頭和手指，卻不能控制心臟或是肝臟？假如讓我們認爲前者之所以能動作的原因來自一種能力，而非那種施加於後者的能力，那麼我們便不會因此感到困惑。到了那時，我們的知覺當然不會是透過經驗才得以知道，但爲什麼控制意志的力量、身體器官等，卻會受限於這種特殊範圍內而不能再深入呢？

有個人突然感受到手臂或腿部麻痺，或者剛剛失去手、腳時，通常都會試著移動手腳感受它們的作用。這個人認爲他有能力可以指揮手的動作，就像是與另外一位身體完全健康的人相比，都能感受到手腳毫無受損、也無病痛，具備能力可以正常運作。只是意識絕對不會欺騙我們，所以不論是有病痛還是健康的人，都不會覺得這當中有任何能力存在。我們之所以能得知意志的存在，只是從經驗而知道；而經驗教導我們的，不過也就是這件事如何跟之前一樣，跟隨著另一件事而來。經驗並不會教導我們聯結這兩件事的連環性，或者告訴我們這兩件事具有祕密連結的不可分開性。

㈢解剖學告訴我們，在任意的運動之中，施力的直接對象並不是受到指令而動作的四肢，而是在肌肉、神經及動物本能（animal spirits）（此外也許有著更細微、無法察覺得知的）。由這些地方接連相繼發動，一直到達到手或腳之前，意志直接傳達的對象，也就是手或腳的動作，這難道不是更能證實：這項完整的運動過程得以完成的能力，是無法由我們內在的感覺或意識直接的、完善的理解，因爲它們是全然神祕和不可能理解的？由這點來看，心靈的意志想要發動某一特定事件：它立刻產生另一事件，這是我們不知道的事件，而且又是完全與我們想要知道事件的不同；這件事又造成另一件事，同樣也是我們不知道的事件；到了最後，經歷過一連串像這樣的活動之後，我們想要的事件才發生。但要是我們感覺到原始的能力，我們一定會知道它，而且也一定會知道它的結果，因爲所有力量都與它的結果相關；也就是，知道力量就是它對某個特定的X產生力量會產生特定的Y。反之亦然：要是事先不知道結果，就無法知道或是感覺到力量。確實，既然我們沒有使四肢移動的能力，又要如何察覺那種能力？我們僅有的是移動某種特定動物本能，雖然說這的確最終也使我們的四肢移動，以一種我們無法理解的方式進行。

所以我們從所有的討論中可以有把握的得出這樣的結論：當我們進行像動物行爲之動作時，或者運用我們的四肢，這個能力的概念並不是從我們模仿自己覺得內在有這種能力的情操而來，四肢之所以能動是跟因爲聽從意志的命令，這本來是一種普通平常的經驗，與其他的自然運作相似，是未知和無法察覺的。②

當從我們意志的一種動作，或指揮我們產生一個新的觀念時，專心用四面八方的冥想轉動，之後以為已經有充分的觀察能幫我們剔除那些不對的理論而專注在一個上面，我們能這麼斷言說心中有一種權力或能力存在嗎？我相信用相同的理論將能證實，即使這是以意志指揮的號令來說的，也不能帶給我們力量或能力的眞正想法。

㈠我們必須承認，當得知一種能力時，我們因爲知道能從這個原因的環節中產生這樣的效果。因爲以爲它是可以通用的名詞。我們因此覺得，知道它的因就必定知道果，而且一定知道因果之間的關係。只是，我們是否認爲自己可以知道人類靈魂的本性，以及一個觀念的本性，或這個容易產生另一個呢？這是一個眞正的創造，是從無而生的某種物，這就包含一種頗大的能力，乍看之下好像是無數人都能達到，但若不是無盡的則不能達到。我們至少必須承認，像這樣的一種能力，既是不能察覺的，也無法知道，而且也不是人心所能想出來的概念，我們只覺得這個事物，就是從意志的指揮而來。但是，對於這個作用進行方式、對於使觀念產生出來的那個能力，就完全超過我們所理解的範圍了。

㈡心靈指揮它本身，就像指揮我們的身體運作，都是有限度的；而我們既不能透過理性知道這樣的限度，也不知道因果的本性，這都只能從經驗和觀察得知，對於所有其他的事物和外物運作也是如此，但它指揮我們的情操（感覺）和激情的力量非常薄弱，還不及指揮我們的觀念的力量來得強大，而這種指揮的力量，又限制在非常小的範圍之內，有人能自稱告訴別人有這種終極範圍的理性嗎？有人能證明，為何在這一情況下能力不夠，在另一件事上卻不是如此？

㈢這種自我操控的能力，又會隨著不同時間改變。身體強健的人能力很強，深受疾病所纏的人，能力則較弱；早上的時間有朝氣，我們比較能控制自己的思想，晚上則控制的力量較弱；空腹的時候能力較強，飽腹後能力較弱；像這樣各種情況下的差別，只能從經驗得知，我們難道能指出這當中的理由嗎？我們自己認爲像這樣的能力究竟在哪裡能找到？在這當中，在精神的或物質的實體中，或者兩種兼有的實體，這當中難道沒有結果所依賴而來的某種神祕機械或某部分的構造嗎？既然像這樣的部分我們完全無法得知，那麼意志的能力或力量是否也同等無法使我們知道或是了解呢？

意志確實是心靈的一種活動，這是我們頗爲熟悉的事情。但請試著反思，考慮所有層面，你是否看見有任何一種事物與這種創造能力相似的呢？透過一個無中生有的新興觀念，且藉由說出「讓它如此！」這般指令的能力，如同模仿上帝的萬能主宰（假如能這麼描述），藉由說出例如「讓光明出現！」而產生許多自然的不同景象。到目前爲止，我們並不覺得意志有這樣的能力，我們需要某種具體的經驗以說服我們自己，透過意志的簡單活動，能獲得像這樣非比尋常的結果。

對一般人而言，解說較爲平常、較爲習慣見到的自然運作情形並不困難，例如：重物往下墜落、樹木生長、豢養牲畜、以食物滋養身體，像這樣所有的事例，一般人知道當中運作原因的力量或能力何來，（結果與原因互相連結，就是因爲存在著這種力量），而且知道它的運作永遠如此，不會改變。通常我們因爲長久以來的習慣，而有這種想法，一見到某種原因，就立刻預料得到它常帶來的某種結果必然會發生，而且很難察覺會有其他任何結果的可行性出現。只是在這種情況下，一旦出現了不尋常的現象，例如：地震、瘟疫流行，以及任何怪異的現象，就無法指出正當的原因來解釋，也不能說明這樣的結果怎麼發生的。一般人要是遇到這樣的難題，就會借助某種無形的思維作爲它令人詫異驚訝之事的直接性原因，而且是他們不能用自然的普遍能力來解釋的。但是哲學家卻不是如此，哲學家的研究較爲深遠，即使在最常見的事件，也立刻覺得原因的能力是不可理解的，跟那些極爲罕見的事件相同。哲學家覺得事物的相互連結是從我們的經驗得知，而無法把所有事物的原理通盤了解，例如這之間的任何事物，像是它們的聯結。因此多數哲學家認爲（最有名的大概是馬勒伯朗士），理性要求它們將這些原則歸於同一原因，但一般人絕不會用這樣的原則推斷，只有遇到神蹟或是超自然的事情，才會開始用這樣的原則判斷。這樣的哲學家，他們認爲心靈及理智不只是所有事件最終和最初的原因，而且更是各自然事件和看起來十分神奇的事件中，直接以及唯一的原因。像這樣的哲學家，他們認爲一般我們稱之爲原因的事物，其實不過是機緣（occasion），而且說造成各種結果的眞正又直接的原理，並不是受到任何自然的能力和力量引起，而是出於至高無上的上帝的意志，祂要特定的某事某物互相聯結，而訂出它們之間應該永久如此的聯結。這派的哲學家並不說這一顆撞球使另一顆撞球移動這件事是出自於自然創造的力量，而是說透過上帝的特別意志，使第二顆撞球移動，經由第一顆撞球的影響而如此。他們認爲上帝建立普遍法則管理宇宙萬物，第二顆撞球會移動，就是因爲法則的運作。只是哲學家再進一步研究，就會發現既然我們對於事物之間互運作的力量是無知的，那麼我們對於心靈對身體的運作，以及身體對心靈運作之間所仰賴的力量也就同樣是無知的。而且無論是感覺或是意識，我們都不能指出這件事的終極原因。所以相同的無知使他們獲得相同的結論。他們認定天神是心靈與軀體結合的直接原因，並不是由於感官受到外物影響，發生在我們心靈的感覺，是全能上帝主宰的一種特別意志。同樣的，我們四肢的運動不是由我們意志的力量產生而來，相反的（他們這麼說），上帝選擇支持我們的意志（我們的意志本身沒有能力做任何事），控制我們錯誤的歸因於我們自己的力量和效力，而使身體進行動作。這些哲學家尚且不滿足於在這樣的結論上止步，他們有時還推廣到心靈本身的內部運作。我們心中所見或所想的觀念（他們這麼說），不過只是我們的造物主表現給我們的啓示。當我們自由的將思想轉移到另一事物上，幻想它運作後產生的結果時，並不是由意志創造這個觀念，而是上帝將這個概念使心靈看見，才得以使我們發現。

因此，根據各家的觀點來看，沒有任何一件事物不受上帝主宰。他們既認爲沒有上帝的意志就沒有萬物，又認爲只有上帝釋放祂的能力，萬物才有能力；若沒有，那萬物也無能力。但是至此哲學家們還不滿意，於是剝奪自然及所有上帝創造的一切事物的能力，讓他們更倚靠上帝、更能感覺得到、更爲直接。這樣的哲學家們忽略了一個事實，他們非但沒有宏揚他們想要誇大的神聖屬性，反而削弱了學說的力道。上帝分配祂的力量給層級較低的生物，遠比用自己的直接意志產生萬物的力量來得更爲強大，而且這樣的理論，證明了在原始時代，上帝具有更多的智慧建構世界，以如此完美的先見之明，經由自身和恰當的運作可以達成所有的目的，比起讓上帝不得不時刻注意觀察調整視界各處的所有部分，透過祂的氣息，將生命賜給這座宏偉的機器各自輪用，似乎顯得更有智慧。

但是，假如你想要一種更加哲學而不是神學的案例，下面這兩種說詞或許也就足夠：

㈠神具有這樣普遍能力和運作的理論，似乎是過於大膽魯莽的假設，凡人都知道人類理性的薄弱，理性運作範圍受到限制而且很小，都不能相信這樣的假設，無論它所用的任何達到說明這個理論的假說有多麼合乎邏輯，我們必然會產生一種極為有利的疑竇，告訴我們所能從心力中引出的境地，因為引入我們進入這樣非常的結論，就與平常的人生經驗相去甚遠。我們還未能到達這個學說的最後一步時，就已經先達到怪力亂神的境地，到達盡頭時，我們也沒有理由信任平常所使用的推理方法，或沒有理由使平常類比和或然推斷具有權威。我們採用的探測繩過短，不能測量無底的深淵，我們無論如何自誇，說我們不管走任何一步推理，都是從類似事物和經驗而來做為指導，但我們應當知道這樣幻想出來的經驗，並不具備像這樣的權威，這指我們是完全推用經驗之外的事物來說，後文將繼續討論這部分。

㈡我在這種學說的基礎上看不出它的論點具備任何力量。我們當然不知道事物之間互相運作的情形，它的力量或能力是完全無法理解的，然而我們對心靈，甚至即使是上帝心靈的運作方式或力量，施加在自身或是身體上的，難道不是也具備同樣的無知？我要請問你，我們究竟從何處獲得關於那種力量的任何觀念？在我們自己本身當中，無法感覺或意識到這樣的能力。我們只能從對自己官能的反省，而具有至高無上的上帝的觀念。所以假如說我們的無知對於不承認任何事物是一種很好的理由，那麼當然也會引領我們否認這位上帝具備的能量，就像是否認最粗略事物具備的能力一樣。我們肯定對於前者運作的理解和後者運作的理解其實都是相當的少。我們難道能認爲從衝擊而來的動力，會比超過由意志而來的動力更難使人理解？我們所知道的，不過是對這兩件事都毫無所知而已。③

## 第二部分

關於這個理論的說明太占篇幅了，是時候快速結束它了。我們已經尋找了所有力量或必然連結的觀念可能的來源，而未有任何收穫。無論我們在單獨的物理案例中耗費多少力氣搜尋，似乎我們仍無法發現除了一件事情跟隨著另一件事情而來以外的情況；我們絕對無法找到這個原因引起的任何力量或能力，或者絕無法發現原因跟它應當產生的結果之間的任何聯結。在思索心靈對身軀的影響時，也發生了相同的難處。我們只看到身軀的行動跟隨著心靈而來，而看不到它們之間聯合行動和意志的聯結，也看不到心靈用此以產生這個結果的能力。而且意志操控它的自身官能和觀念的力量，例如超越內心，與身軀有所差別，也不再能理解。結論是，自然之中，並沒有任何單一實例的聯結可以被我們察覺。所有事件似乎都是鬆散和完全分離的。我們只看見這一件事跟隨著另一件事，但絕對無法觀察到這兩件事之間的任何聯結。這兩件事看起來相關，但並非相連。而且因爲我們無法對從未出現過的事物作爲我們的外在感知或是內在感覺的印象，我們被迫必須作出我們完全不具備「聯結」或「能力」觀念的結論，而那些名詞不論是用於哲學推理，或是日常生活，都缺乏意義。

然而有一個途徑或許仍可避免這個結論：還有一種可能的來源是我們尚未考證過的。當面對任何我們沒有經驗過的自然事物時，無論我們多麼聰明或努力，都無法使我們發現、或是猜測這個事件的結果爲何，或是預期這事件超出直接呈現於我們記憶和感受上的走向。即使我們在某個特定事例當中有過經驗，也不應認爲這可以使我們訂定一種普遍性的規則，或預料某件事也會發生在未來的相似案例上。要是只憑著單一事例的實驗結果就推估整個自然界也是如此，無論這個結果是多麼精準或肯定，仍是過於大膽的結論。但要是在一類事件上永遠跟著其他一類的事件相互聯結，我們便會毫不遲疑使用這番推理，預料這件事隨後跟著另一件事。因爲只有這個推理能讓我們堅信任何事實或任何實際存在。於是我們稱這一件事爲「原因」，另一件事爲「結果」。我們猜測這之間必定有著一些聯結，猜測這一當中存在某種能力，由此必定產生了另一件事，以極大的確定性和必然運作。

從這樣來看，事物之間必然聯結的觀念，看起來只是這兩種的許多相似事例經常性的搭配，而無論如何檢驗這件事，這樣的觀念也無法從它身上自己提出。然而在一些事例中包含的，與單一事例兩者之間並無任何分別。但是，許多事例包含的內容，與任何應該與它們完全相同的單一事例卻是不同？

只有一種區別就是，既然心靈經歷了數次相似事例，它便會受到一種預料的習慣驅使：一件事情重複發生的模式影響了心靈，當心靈觀察到兩個種類的事件之一發生時，它會預期另一件事情將會接著發生。

所以我們從當中感覺到的能力觀念或是必然聯結的感覺或是印象，就是由心靈而生的聯結的感覺，這種感覺隨著想像力的習慣性出現，藉由觀察一件事，預料它通常將跟隨著另一件事的情形得知，就只是這樣而已。從各個角度思考一下這個主題，你無法找到任何這種觀念的其他來源。這是單一事例（絕對無法給我們聯結的觀念）和許多相似事例（啓發我們的觀念）之間的唯一差別。當一個人初次看見動力的移動狀態，像是兩顆撞球互相碰撞，他不能直接宣稱這顆紅色撞球開始移動的原因是與白色撞球敲擊它之間的彼此聯結，他只能說這一件事跟著另一件事而來罷了。直到看過許多這樣的事例之後，這人才會說它們（紅色撞球移動、白色撞球敲擊）互相聯結。但是這種新的聯結觀念究竟是怎麼產生的？其實也不過是在這個人的想像中，覺得這兩件事之間相互聯結，而且預測這件事的發生是從另一件事的表現而來。所以我們說這一物和另一物聯結，我們的意思不過就是說多數的事物，在我們的思想當中已經具備一種聯結，以便用以推論多數的事物，藉以作爲彼此存在的證據。這樣的結論，未免太過奇怪！然而這個結論則似乎有充分的證據作爲基礎。即使是那些以謹慎方式探討理解能達到的境地的人們，或對所有新奇且特別的結論抱持著懷疑的人們，他們也不應當對這樣的結論存疑。這個結論發現了關於人類理性和空間的薄弱和狹隘限制，亦即沒有什麼比懷疑論本身更令人同意的了。如果要對理性中令人詫異的無知和弱點舉證，還有什麼比這樣的例子更爲有力嗎？倘若事物之間果然存在著任何一種關係，是我們必定要理解清楚的，大概沒有什麼能超過因果的重要性。凡是我們對事實和存在的推理，都是以此作爲根據。我們只能由此而堅信的事物，不是那些記憶或是感覺。所有學問唯一而且直接的用處，是教導我們如何從事物的原因，控制和規範未來發生的事物。所以我們的思想以及研究，無論何時都運用因果關係，儘管關於因果的觀念，並不完備，使我們不能替「原因」作出一個恰當的界定，只有由原因以外的事物能得知，它並不組成原因的任何部分。有兩種方式能做到：

㈠相似的事件永遠是與相似的事件有所關聯，基於此，我們才擁有了經驗。因此尋求著與這樣的經驗相符，我們或許就可界定「原因」的意義。原因，是一件事跟隨著另一件事，這之間與第一件事相似的所有事件，都會跟隨著與第二件相似的事情。換言之，就是說假設第一件事不是這樣發生，那麼的二件事也不會出現。

㈡又這麼說吧！凡是發現一個原因，是由於習慣帶來的轉換，引導至結果的觀念。基於此，我們也有了這樣的經驗。我們可以在另一個「原因」的定義上表現這樣的經驗：原因是一件事被其他事跟隨，前者的表現總是將思想過渡給後者。這兩條定義當中帶來了一些原因之外的內容，因爲定義A帶來了與原因相似的較早事件，而定義B帶來了說話者心中的事件；雖然是出自於跟原因不同的理論環境，但是都無法補救這樣的缺點。我們無法用更完美無缺的說明取代那些定義，像是在原因本身找到某些東西與它的結果聯結 。我們並沒有這種聯結的觀念，或是當我們努力想要建構聯絡的觀念，卻對我們所希望知道的內容沒有清楚的想法。現在舉一件事爲例，當我們說這一條琴弦的振動，是一種特別聲音的「原因」，我們的意思是這個振動跟隨著聲音而來，而且說這全部相似的振動都有這個相似的聲音跟隨，或是說心靈看見了這樣的震動，立刻建構出了這個聲音的預測性觀念。我們可以用前述的兩種意義看待因果關係，除此之外，我們一無所知。④

總結本章推論的要點：每一個觀念都是經由模仿某種舊有的印象或感覺而來，要是不能找到任何印象，必然也毫無觀念。在心理或生理原因的單獨事例之中，並沒有產生任何印象的能力或是必然的聯結。因此，沒有事例能引發我們建構任何能力的觀念或是必然的聯結。但是，遇到許多相似事例發生時，相似的事件經常件隨著第二類的事件出現，於是我們才開始有了原因和聯結的想法。這種規律性的經驗給予我們一種新的印象，也就是在一件事和另一件事之間，我們的思想當中那種經由慣性引起的聯結，或是想像而來的這種感覺或是印象。這就是爲何它必須是正確的。因爲這是發生在多數相似事例上而不是只有單獨一次的觀念，所以必須從任何多數事例可以區別出來的單獨事例上提出，而唯一的差別是這種慣性的聯結或是想像的過渡。現在再舉撞球的例子：我們初次見到兩顆撞球的相互碰撞的運動過程，與我們現在看到像這樣的其他碰撞過程，應該會是完全一樣的。這之中只有一種區別是，在第一次的情況下，我們不是能從這一件事推論到另一件事，而現在所見到的卻不是如此，這是因爲經過長久齊一的經驗。我不知道讀者是否能理解這個推理的脈絡，但是又擔心用過多的文字把這種推理以許多不同的觀點解讀，反而會使這個推理變得更爲晦澀難懂。

## 【注釋】

① 洛克在《人類理解論》，第二部，第二十一章〈論能力〉中說明，當我們從經驗中發現物質具有改變的屬性，我們推論這之中必然有一種能產生它們的能力存在，而且這種推論帶領我們獲得關於能力的概念。然而洛克承認，沒有任何推論可以給出一種嶄新的、原始的、簡單的觀念。因此這不能作爲那個觀念的來源。——原註

② 當我們遇到阻礙，往往強迫自己使力，而且要用盡我們的能力推翻它，因此產生力量或能力的概念，像這樣的理論大概可以用來解釋。根據這樣的觀點，我們本來認爲這樣的努力就是這個觀念模擬的原本印象，但以下有兩種反駁看法：(i)我們在絕對無法發揮力量或能力的多數案例中，也認爲許多物體有這樣的能力，例如上帝永遠不會受到任何阻礙；心靈在平常的的思維和行動中節制觀念和四肢的動作，其實是結果立即跟隨意志，並沒有任何努力或調度力氣；非動物的那些物質，則不能有這樣的情操。(ii)這樣的努力足以克服阻礙，並且不具我們已知和任何一件事件的連結。我們知道跟隨而來的那些，是因爲隨著經驗而來，而非先驗知識。雖然我們必須承認我們所經歷過的動物的努力，它雖然無法提供我們精準的關於能力的概念，而且還深入我們常見和不精確的概念中，這種能力的概念，仍是由努力造成。——原註

③ 新科學領域經常提及物質的慣性（inertia），我在這裡不詳細討論。我們從經驗得知一個物體的移動或停止狀態，會永恆的維持著它的移動和停止狀態，直到因爲新的原因發生而改變，而且當一個物體受到另一個物體的撞擊之後，它從撞擊物身上得到的運動，亦即它本身的運動，這些都是事實。當我們稱它爲慣性時，我們只見到這樣的事實，並不自詡我們具有慣性的任何觀念，討論引力時也是如此。我們的意思不過是說知

道引力產生某種一定的結果，而不是知道它的有效功率（active power）。牛頓提出的理論向來沒有打算否認除了上帝以外的所有力量或能力，然而把他的學說奉爲圭臬的人，卻頗常以牛頓的學說作爲權威，嘗試要建立這門學派，但牛頓卻不是，他曾經借助一種空氣中的流動物質解說萬有引力。牛頓的學說非常謹慎也非常謙遜，他認爲這不過就只是猜測和臆度，如果沒有更多實驗能證實，就不需要強硬的建立這樣的定論，我承認在多數的意見或見解之中，有一種特別的命運，例如笛卡兒就暗指神人具有普遍和唯一能力的學說，而不盡力維持。麥爾伯蘭基和其他笛卡兒派的學者則用此作爲全體哲學的基礎，但這派學說在英國無足輕重。洛克、克拉克、克特華斯則絕對不理會這派學說，他們始終都認爲物質具備一種實際的存在而居於下位，更從其他地方獲得能力，在英國近代的哲學家中，這派理論又是從哪裡發展而來，得以獲得這種較高的地位呢？——原註

④ 按照這樣的解說和定義，能力的觀念如同原因的觀念都是相對的，兩者都是攸關於結果，或是因爲某種其他事物經常與原因相接。當我們在不知道的環境中考慮一件事物，這個環境是根據我們決定它的結果的等級或程度多寡，我們便將這未知的環境稱爲「能力」，因此所有哲學家都承認結果是作爲能力的評估。只是哲學家果然具有這種能力本身的任何一種觀念，爲何不能用本身來進行測量？哲學家對於物體行動的力量，有一種爭辯，或認爲這個能力與這個事物的速率成比例，或者　認爲與速率相乘而成比例，我認爲這種辯論不必用它在相等時比較，或不相等時間的效果比較而作出判定，應該是要以直接量度跟直接比較來決定。至於常用的力量（force）、能力（power）、能量（energy）等詞彙，是經常在平常的談論和哲學著作中被討論的，但這並不是一種證據，說我們無論在任何一件事物當中，知道因果之間的聯絡原理，也並不是說我

們能終極解說何以這件事物發生另一件事物。這些日常所的詞彙，它們的意義極爲寬鬆；它們的觀念——例如賦予它們意義的關聯觀念——沒有確定性而且令人困惑。那些觀念可以分爲兩種類別，每一種都是萬物有靈論的（animistic），對待無生命的原因和結果就像它們是有生命的。當因果轉換被認爲涉及了由一個物體到另一個物體之間的動力轉換時，這一類別就發揮作用。另一類別是我對於因果推理（causal reasoning）解釋的觀念。沒有動物可以在缺乏出力的感覺下使外物移動，所有動物都知道受到外物的推動或是擊打這樣的感受。這些感覺——原本就只是動物的，我們可以用先驗得知——因此我們傾向轉移這樣的看法到無生命的事物，假設它們與其他事物轉換之間的動力也會使它們具有像這樣的感覺。例如：我們假設或預設白色撞球感受得到它自身的使力，而紅色撞球則感受到白色撞球帶來的衝擊力道。當一件事引起另一件事，而我們並未想到是由於力量的轉移而作用時，我們無法經由推東西或者是被東西推的這種概念帶來觀念，所以只能從這兩種事情的連續性經驗聯結作爲解釋。這使我們在心靈中對這兩件事之間的觀念建立起一種習慣性的聯結，並且將這種心理聯結的感受轉移到事物上。我們把由外在事物引發而來的內部感覺附加於外部事物身上，這完全是極爲普通的做法。——原註

# 第八章　關於自由及必然

# 第一部分

當科學與哲學出現時，我們多半合理預期，會對他們術語意義強烈進行爭論和辯駁。因此過去的兩千多年來，我們從僅是口語上的辯論轉而趨向於獲得眞實的理論。從推理之中定下確實的意義，而且比起只注意到話語聲音，將我們的注意力集中在這些定義上不是相當容易的事嗎？但當我們愈接近這個事實，我們卻傾向於不這麼認爲。事實上，一項爭論之所以持續很長一段時間且尚未形成結論，我們便能假設這之間存在著模糊性，使爭論者能夠表達個人意見，將許多不同想法加諸於在對這項爭論的評論之內。

以下是這項假設的基礎：人們的智能被認定是天生就有的（如果沒有，那就沒有理由進行推理的行爲或是彼此爭論）要是人們僅將相同的想法付諸言語，那麼是不可能會花長久時間去對同一個理論爭論的——尤其當他們在互相溝通各自的看法時，並且對爭論投下任一觀點，以便有可能勝出他的反對者。

當然，當人們試著討論確實超出人類理解能力的問題，像是世界的起源，或者精神主宰間的運作方式，他們可能是花許多力氣在打一場毫無結果的辯論賽，而且永遠無法獲得確切結論。但當討論的問題是與一般日常或是經驗相關，唯一能使這場辯論持續很久的方式是（一個人想出）藉由模稜兩可的表現方式，使他的對手遠離答案，或者避免他們彼此開始理解並著手解決問題。

這便是長久關於「自由及其必然」的爭辯。我認為我們應該要發現人們——學習並且愚昧——總是對自由及必然具有相同看法。只要有幾個明白的定義，便能使這樣的爭論結束。這一項爭論，曾經使各方面的哲學家討論過多次，而且將許多哲學家引入詭辯的迷思狀態中。那也就難怪有一位聰慧的讀者，為了沉浸於安逸的狀態，於是不肯聽他人提出這樣的問題討論，認為這個問題既不能使人獲得益處，也沒辦法當做有趣的消遣活動。讀者們需要注意作者在此提到的討論方法，因為他提出的看法較為新鮮，甚且不需要繁複或隱晦的推理方式，以免干擾讀者。

依照可能和合理的定義加在必然和自由這兩個名詞上，讓我們發現所有問題的爭論，都是從對字句的解讀而來，以下先說明這一必然的說法。

人們都會普遍承認，物質在任何運作中都是透過一種必然的力量作用，而且承認所有結果都是由原因的能力所嚴格規範而來，因此在這種特別的環境之下，不可能有產生其他結果的可能性存在。每次動作的程度以及方向，是由自然的法則確切預先規定的，假使讓兩件物體相互碰撞而可以有其他的方向，或產生不同程度，與預先所規定的不同，那麼兩件物體相碰時的動作也能發生一個生物。所以我們如果想要建立一個必然的精密嚴謹的觀念，那當我們把這個觀念推展到各種事件的作用時，一定要考慮這個觀念是怎麼發生的。

假設讓自然界的所有樣貌，是接連不斷變化的，沒有讓任兩件事情有任何相同的地方，而每一事物都是全新的，並非從前所見過有著相同之處的那種，若是這樣，我們當然不可能會獲得任何必然的觀念，也絕對無法在多種事物之間獲得它們彼此連結的關係。我們既然做出這樣的假設，就可以說這一件事或這一件物體跟隨著另一件事或另一件物體，卻不能說這一件事物能產生另一件事物。因此因果的關係，必定是人類無法理解的。從這個時候開始，關於自然運作的推理及推論，也就當然終止了。只剩下記憶和感覺兩種途徑，是關於所有存在的知識，以讓心靈知道，所以我們的必然和因果的觀念，完全是出現在可觀察到的自然運作的統一性，其中相似的事物，是恆常性連結的，而我們的心靈則受到習慣約束，由發現一件事物而推得另一件事物，我們增加在物質上面的必然，它的全部就由這兩種情況造成的，除了相似的事物恆常連結和從這件事物推得另一件事物之外，我們並沒有任何必然或聯結的概念。

因此假設所有人們都沒有任何質疑或猶豫的承認，那這兩種情況都存在於人類的自由意志和心靈的運作——例如相像的跟隨著相像的，而且基於這樣的基礎做出推論——那麼所有人都會一致同意對必然理論的看法，人們之所以到了現在還在爭論，不過只是因爲他們並不了解彼此。

關於第一種情況，也就是相似的事件恆常性的、有規則的連結，這裡有些論點可能讓你經過下列觀察而感到滿足。所有人承認任何民族和年齡的人們在行爲上存在著大量的一致性，而且人類天性使這之中運作的力量和作爲保持不變。相同的動機產生相同行爲；相同事件跟著相同原因而來。野心、貪婪、自戀、虛榮、友誼、慷慨、公德心——這些激情狀態以多種比例混合及分布在社會各處，現在（從世界的開端以來就一直是如此）是所有人類曾經觀察過的行爲和計畫的來源。你想要了解希臘人和羅馬人的感受、傾向和生活方式嗎？那麼就好好的研究法國人和英國人的特徵：你不可能錯得太離譜，將對前者的觀察轉移到後者。人們在各時各地看起來都是那麼相同，以至於歷史在這個主題所告訴我們的沒有任何新意或古怪。歷史的主要用途，不僅只是以呈現各種情形和狀況的方式，顯露人類天性的持續和通用原則，更提供我們從人類行動和行爲中所觀察和熟習的一般來源作爲材料。這些戰爭的紀錄、陰謀、黨派和革命等都是許多政治學家或道德哲學家用以修正他們理論原則的資料組合；正如自然科學家用許多測試學習到植物、礦物和其他外部事物的天性。亞里斯多德和希波克拉底①檢驗的土壤、水和其他元素，和那些我們現在找到的相同，正如波利比烏斯②跟塔西佗③所描述的現今主宰這個世界的人物是一樣的。

要是一位旅人，從一個遙遠的國家返國，告訴我們許多未曾碰到過的人的事情——沒有貪婪之人、野心或報復心；除了友誼、慷慨和公德心以外不知道其他樂趣——依據這些內容，我們會立即認爲這位旅人的敘述當中有誤，而且正如他以人馬和惡龍、神蹟和奇人的故事描述他的報導般會評論他是一位騙子。而且當我們想要揭穿僞造的歷史時，我們所能使用最讓人相信的論述是無法指出證明裡的敘述的行爲，對所有人來說，都是直接與自然過程相反的，而且沒有人在那樣的情況下，具有動機引領自己以那樣的方式做出那樣的行爲。

庫爾提斯④撰寫的內容，其眞實性令人存疑。當他描述亞歷山大匆忙前往孤身攻擊群眾的超凡的勇氣，就如他描述亞歷山大能抵抗群眾的超自然力量和行爲一般。我們很輕易和普遍的承認人類動機和行爲，以及其他物體的運作，都具有一致性。如果人們能透過長期的生活以及與其他人進行各種事業和社會接觸，那麼經驗對於教導我們人類天性的普遍原則是有利的，甚至會引領我們的日後行爲和理論建構。由這種經驗領導我們從人類行爲、表現，甚至是姿態，進一步推理至他們的傾向及動機；並且反過來也可以基於我們對動機和傾向的知識，解釋和預測人們的行爲。我們從一生經驗累積而來的普遍觀察，給予我們人類天性的線索，並且教導我們從它的複雜性脫離出來。僞裝及表面不再欺騙我們，公開的宣言透過似是而非的原因被我們視爲用來掩蓋某種目的的表象。而且儘管我們允許美德與榮耀給予它們適當的重視和權力，但人們常常聲明的完美無私是我們從來無法預期在群眾和黨派之中看到的，他們的領導者很少如此，更別說甚至是在各個階級的社會中的獨立個體了。但是如果說人類的行爲中沒有統一性，而且這些事實經過測試後的結果是不規則的，也沒有符合任何普遍特徵，我們幾乎不可能聚集任何與人類有關的普遍觀察，而且再怎麼仔細琢磨思考，沒有經驗，也就無法達到任何目的。爲何年紀較長的農夫在他的專業領域上，比起剛起步的年輕農夫更有技巧，難道不是因爲自然中有著特定的統一性，能使他了解太陽、日光和土壤對作物的影響，而經驗則告訴這位農人如此的運作法則是由什麼給主宰和引導嗎？

不過人的行爲雖然具有統一性，但我們不應當預期認爲這種人類行爲的統一性非常完備，以至於在所有相同的狀況之下人們總是會精準的以同樣方式回應，不然我們就不會有允許性格、偏見和想法差異的情況了。自然之中是無法找到完備的統一性。相對來看，經由觀察不同人的行爲差異，我們可以建立更多普遍法則的變化，仍能在這樣的變化性下預設一定程度的統一性和規則性。

人們的行爲在不同的時代和不同的國家會有所差異嗎？這告訴我們習慣和教育的力量，它們從我們還在襁褓時期就影響人們的心靈，而且將之形成爲一個固定和建立出來的性格。行爲是否會因性別不同而有極大的差異？從這點，我們學到自然給予性別和維持其中的恆常性及規律性造成不同的性格。一個人的行爲是否從嬰兒到老年的時期具有很大的差異？這提供了許多關於我們感覺和傾向逐漸改變之普遍觀察，以及人類在不同年紀符合不同特徵的觀察空間。即使這些特徵對每個人而言都是特別的，它們的影響力也具備一致性；否則我們對些個體的熟悉度和觀察他們的行爲，永遠無法教導我們得知他們的傾向爲何，或如何有助於指引我們對於它們的行爲。

我承認我們可能會遇到一些看似與任何已知動機沒有規律連結的行爲，而這是所有主宰人類行爲特徵的例外。但要是我們想知道如何思考這樣的不規則和例外活動，我們也許可以以一般出現在自然定律的不規則事件和外部事物的運作觀點來看待。所有的原因不是用相同的一致性和它們的普遍效果相連結。一位專門處理廢棄物的工人可能會在它試圖處理不是廢棄物的事情上受到阻撓；正如一位政客引導思維的進行和感受代理也會被一些他想掌控但無法預期的人所控制。

一般人多半就首要的外在表現評價事物，因此他們把這些無法預期的結果歸咎於原因的不確定性，把他們當作一種使他們常常失敗於獲得他們的平常效果，即使這之中的運作沒有任何困難弱點。但是哲學家們，觀察到大多數自然的每一部分有著許多不同的觸發和理由，太小或距離我們太遙遠，以讓我們找不到，判斷它至少事物的矛盾可能不是來自任何原因當中的突發事件——例如原因本身無法產生普遍效果——但卻是從相反原因的祕密運作而來。當進一步仔細觀察，他們所找到的矛盾效果總是反應出確實存在著相反的原因，而且來自於這兩者間彼此互相反對，將可能性轉換成確定性。一位農人看到鐘錶停止不前，他只能給出它總是不準確的理由；但是一位鐘錶匠可以輕易的看出在彈簧和鐘擺當中有個同樣力量對齒輪做出同樣的作用，但這個例子對於一粒灰塵（也許）對於停止整個時鐘動作的一般效果也許是失敗的例子。透過觀察許多數量的類似案例，哲學家也許會找到一種原則，也就是所有原因和效果之間的連結爲同等必要，並且它在某些例子中看似有些情況來自相反理由的神祕反對者引起。

舉例而言，人體健康或生病的常見病徵並非我們所預期的，當服下的藥物沒有如預期的效果運作時，當有些原因不規則地帶來不同效果——科學家和醫生不會因此太感意外，而且也不會試圖否認主宰動物系統的必要性和統一性的力量。他們知道人體是一座強大複雜的機器，我們不可企圖希望能理解所有潛伏在其中的神祕力量，對我們而言，它的運作勢必顯得非常不確定，而且因爲這樣，這些不規則事件的外在表現，不是那些我們用其中內部運作及控制系統的最強規則性作爲證據所觀察到的自然法則。

若有哲學家他的理論是一致的，他就一定會將相同原因應用到具有理性的動物的行爲和意志上。人們最不規則和無法預期的決定通常會被那些知道他們性格和狀態下的每一特定情況解釋。一位通常樂於幫助朋友的人突然發怒，不知道他爲什麼這樣的人會覺得奇怪，但要是知道他牙齒痛，或因還未吃正餐感到飢餓，也就不覺奇怪了。一位呆滯的人突然表現出一個不尋常的活潑舉動，知道爲什麼的人說他應該是突然走了好運。有時一個做出並非他自己或其他人可以解釋的行爲，但我們知道在某種平常的方式下，這個人的特質某方面是不連續和不規則的。這個不恆常性是以人性的連續性格作爲方式，儘管有更多人對於他們的行爲沒有設定規則，以及頻繁的以善變和不連續的方式。即使這些人的內部力量和動機也許會以統一的方式運作，即便看起來是不規則性；就像是風、雨、雲朵和其他天氣變化假設是受到不變力量的掌控，雖然我們的能力與努力無法輕易告訴我們這些是什麼。

由此來看，不只是人的動機和有一的行爲相互連結是規律和一致性的，就像是自然的任何一部分的原因和結果相互連結一般。而且這樣規律的互相連結，曾經被所有人普遍承認，而且已經在哲學和平常人生中，成爲受到爭辯的主題。我們已經從以往的經驗，取得所有關於未來的推論。我們又獲得結論，說事物經常相連結的，則似乎無所用於證實這種由閱歷而得到的關於人類行的的統一性，原本是一個來源；從此我們就獲得關於人類動作的推論。只是要是想多方發明像這樣的理論，我將再以較短的言論說明。

無論在何種社會之中，幾乎沒有任何一種人類動作是不需要互相依賴而自身就能完成的，也幾乎沒有一種動作可以不涉及他人的動作而可以完成；有他人的動作然後能完全達到他的目的，這是必不可少的。即使是單獨一人自食其力這類最爲可憐的勞工，至少也要受到地方官員的保護，然後保障他能享受他付出辛苦勞力而受到的回報。當他攜帶他所製造的物品到市場販售時，依照合情合理的價格販售，也要有人肯出價錢購買，又要用他所販售得來的金錢，向他人尋求購買其他物品，以供應自己的生活。人類愈是擴充自己的事業，與其他人的交際往來就更爲複雜。這樣的人在他的生活規劃中，也就更會包含許多種有意的動作。所以用正常的動機，盼望與他人合作。在所有像這樣的結論，人們都以過去的經驗作爲量測與外物的推理相同，而且堅信人類和自然的諸多元素，是接連他的工作，與向來所看到的相同。以一位製造業者來說，他計算跟仰賴製成一件物品所耗用的工人和勞力，跟計算所用的機器相同。假如工人和機器讓他失望，當然會有同等的詫異。簡單來說，就是說這種關於多數他人動作經驗的推理及推論，是相當深入於人生之中的。所以當處於清醒的狀態，無時不是使用這種推理及推論。然而我們難道沒有理由說：按照上文的界說跟解釋，所有人類，都對於必然的學說表示同意嗎？

以這觀點來說，哲學家與眾人的見解並沒有什麼不同。姑且不論幾乎一生沒有一種動作不是猜測這個見解的；即使是用學問的思辨部分來說，也很少不把這個當作是很重要的。按照我們對於人類所具有的經驗來說，假如使我們不能依賴歷史學家敘述的史實，那麼該怎麼看歷史呢？假如使國家的法律以及政體，對於社會沒有統一的潛力，那麼政治學又如何能成爲一門學科？假如使物體各有品格，並沒有一定或某種能規定他的權力，以產生不同物品的情操，有假使讓這種情操，沒有恆常的工作及動作，那麼道德的基礎該放在哪裡呢？假如讓我們不能發表言論，任何一位詩人或文學作品的人物行爲和情操，無論這是處於這樣的環境，這樣的行爲及情操是否出於人物的自然或並非是出自於自然；我們能有什麼藉口去批判這樣的詩人或作家呢？所以無論我們是研究哪種科學，或經營任何事業，不得不承認必然的學說，而且不得不承認從動機到自由動作，或由品格到行爲的推論。

而且當我們考慮自然和道德的證據如何輕易連結及成爲只有這一串的理論時，我們將不難承認它們是同類，而且都是從同一原理而來。例如有一位囚犯，既沒有錢，也沒有權勢，當他知道看守的獄卒絕對不可通融讓他出去，以及考慮到包圍他的監獄城牆和鐵條都非常牢固的情況下，他就也知道他不可能越獄逃走；而且當他試著想要恢復自身自由時，他也寧可在石牆和鐵條上想方設法，反而絕對不會試著用其他方式買通獄卒。等到這位囚犯被押到刑場準備接受死刑時，他預料到自己必然會死；從押他受刑的獄卒寸步不離可以得知、以及沒有片刻鬆懈可以得知、也可從斧頭揮斬或絞刑臺的運作而知道。這位囚犯的內心，依循著一連串觀念而動作，就像是押解犯人的守衛不肯任他逃脫、執法的劊子手的動作、人頭落地、血流如注、劇烈震動及死亡。這是一連串形成的自然原因和有意的動作，然而人心從這一環到另一環，卻不會覺得這之間有分別，而且有把握預料將來事物必定會發生，並不會因為可能他在記性或感覺之物所連結的東西中找到而減少。像這樣因為一連串的原因，有我們稱為物理（物質）的必然來穩固它的相同是由經驗而得之結合，所以有相同的結果以及在理性中不能改變。

假如有一個人，我很清楚他是誠實而且富有的人，我也曾經跟他有密切交情。有天，當我在家中、眾多僕人也環繞在旁的時候，這個人進入我家。我卻相信這個人這次來，並不是要在我未出門刺殺我，或是要搶我的一些值錢物品。我之所以不會懷疑我朋友有這樣的舉動，就同如我不會懷疑我的房子會倒塌一樣。我之所以不會懷疑我的房子會倒塌，是因為我知道這是新蓋好的住宅，而且用料堅實。或者說這人也許突然罹患一種不知道哪裡來的瘋病，也知道地震可能忽然發生，震毀我居住的房子，這叫做忽然發生的事情。所以我特別另外假設：我會說，我很確信我的朋友不會把手伸入火焰之中，不會讓他的手伸入火焰中太久，以至於讓手受到燒傷甚至化為灰燼。又假如讓我朋友跳出窗口，沒有遇到任何障礙物，而能有一時不上不下懸在空中的狀態。我很清楚第一件事必定不會發生，這跟我能預料到第二件事情也必然不會發生一樣。無論如何，懷疑會罹患一種不知道從哪裡得來的瘋病，第一件事情也絕不會發生，用人性當中的已知原理，那是過於相反了。現在有個人把裝滿錢財的錢包丟失在大街上，希望這個錢包像羽毛般輕盈飛到他面前，這跟他盼望過了一小時之後，仍然能找到錢包而且絲毫沒有任何錢財被挪動過一樣。超過半數的人類推理，都含有一種相似的理論，而且跟隨著帶有多少的定性；而跟我們觀察這些人，處於這樣地位的行爲所獲得的經驗互成比例。

我曾多次思考，爲何人們雖然透過他們行爲和推理都毫不遲疑地承認必然的存在，卻從不樂於用言語表現這種承認，而且在各個時代中，都傾向寧願表現出一種反對的意見呢？這件事可以用下列的說明解釋：我們如果研究身體的運作，以及研究由多數原因產生的多數結果。我們將能看到心靈的能力，在我們這樣關係的知識之中，絕對不能帶領我們到更遠的地方，只能使我們觀察許多的物體之間是恆常相連的。心靈則會透過一種習慣性的帶領，經由這件物體的發現，而去相信另一件物體的發現。雖然說這個結論中對於人類的無知，是透過對這個問題更爲嚴謹審查的結果；然而人們仍然留有一種強烈傾向，以相信更爲深入了解自然的力量，進而知道某種事物類似於因果之間的一種必然聯結，以及轉移到反省自己心中運作而覺得這個動機和這動作其實並沒有這樣的聯結的時候。人們則容易假設從物質的力量產生的結果是一件事，從心智產生的結果又是另一件事。他們認爲這不一樣。只是一旦深信我們並不能對因果有的只是兩物的恆常連接，和心靈從此到達另一端的一貫推論，而且看見這兩種情況是大家普遍認爲會出現在有意的動作之中的。我們則可以更爲容易的被引導到承認所有原因都共同擁有相同的必然。這樣的必然性會附著在一些決定的推理上，雖然可以反駁大多數哲學家的系統，然而我們要是加以反省，就能看見這樣的哲學家之所以有其他意見，只不過是因爲用詞不同，並不是因爲實際的情操意義不同。按照這裡所用的必然的意義，還沒有任何哲學家會否認。以我的觀點來看，尚且是絕對無法否認的內容，或者只是可以有一種自以爲是的言論，說在物質的運作之中，人心能知道因果之間的更進一步聯結。而這是一種不會在具有知性的物體的自由動作中所發現的聯結。究竟是不是這樣，只能透過研究來窺探，這樣的哲學家，就已經有像這樣的斷言了。要證明他們所說確實是眞的，這就是多數哲學家的責任，用規定或實際撰寫來討論。

研究自由以及必然的問題，人們似乎是從錯誤的一端開始的。他們就是像這樣，首先從靈魂的能力、理性的影響以及意志的活動入手的。現在請這樣的研究家，首先討論一個較爲簡單的問題，就是研究物體運作及頑固無知性的物質的工作。請研究者嘗試它能否在此造成任何一種因果的觀念以及必然的觀念。它所能造成的，不過是兩物中的一種恆常連接，以及其後心靈由此到彼的推論。倘若這種情況確實造成我們對於物質的必然性的概念，而且這樣的情況也是世人普遍承認會發生在心靈的活動之中，那麼這番辯論就到此爲止了。至少我們必須要承認這之後的辯論，不過只是對於詞句的辯駁而已。只是我們要是仍然魯莽猜測它在外部事物的運作中，我們有必然及因果的再進步的觀念，而同時也在人心的有意動作中，就不能再有所得。只有一個方式可以使我們不會再受到欺騙，就是更進一步推論關於科學應用於物質的原因時，科學的狹隘範圍，以讓我們深信對於這樣原因的知識，不過只是上文所說的恆常連結以及推論而已。我們大概會發現，要使人類的理性規範這樣狹隘的限制是相當困難的。然而到我們推論這個意志動作的學說時，就不見得會看到這樣的爲難；因爲意志的動作顯然有它和動機、環境、品格的一種規律相接，又因爲我們常常從這裡到那裡獲得推論，我們則不得不用字句承認必然性。所以在我們一生當中的每一種考慮，在我們的行爲動作產生的每一步驟，都曾經認可了那樣的內容。⑤

至於在形而上學中爭論最爲激烈的問題，就是自由與必然。我現在不需要耗費太多口舌去證實所有人都同意自由或必然的看法，而這整個爭辯的內容，也不過是字句上的辯論罷了。當我們在自願行爲（voluntary action）上使用「自由」二字，這個詞彙到底是什麼意義？這個意義誠然不能說行爲與動機、傾向及環境只有著極爲少數的聯結，它是說這一事物跟隨另一事物，並沒有某種一定程度的統一性；而這件事並不提供做出任何推論，使我們得以知道有另一件事。所以這都是淺說，而且都是眾人公認的事實。因此「自由」一詞，只能解釋爲一種行動或不行動的能力，視意志的決定爲基準；例如我們如果願意停止，就能停止；我們如果願意動作，我們就能動作。這種「假設性的自由」——我們說它是假設性的，是因爲考慮到我們選擇怎麼做，就可能怎麼做——這是人們都承認的，只有囚徒和被囚禁者例外。從這樣來看，並沒有可以反對的地方。

無論如何定義「自由」，都必須要小心確認兩個必備條件：首先要與平常事實相符，第二是要與自身相符。要是符合這兩個條件，而且能令人理解，我相信所有人對於這個定義的見解皆爲一致。

人們通常同意既然有一事物存在，就有它存在的原因，而且嚴格來看「機會」兩個字，不過是一個消極的名詞，解釋爲非屬自然所有的任何一種實際能力。但有些人聲稱某種原因是必然的，某些則不是。在此可以看到這些定義的好處。現在請一個人定義「原因」，而不包含與這個原因必然聯結的「結果」作爲這個定義的一部分，又讓這個人清楚明白的說明他的定義、原始觀念來源，那我可能立刻就不堅持這種爭論了！但要你們承認上文的解釋正確，那麼就不可能做出這種定義。假使事物彼此之間沒有規則性的連接，我們當然不能產生任何因果觀念的想法，而這個規則性的連接引發的理性推斷，就是我們所能擁有通曉這些觀念的唯一「聯結」。

無論是誰，撇開這樣的條件而試圖創造一條「原因」的定義，不得不用無法使人明白的名詞，或是尙未定義[6]但卻要具有相同意義的詞彙。所以若是承認上文定義，那麼與自由互相對立的必然（在我的定義裡），自由便與機會相等，而機會是人們普遍認爲並不存在的。

## 第二部分

沒有一種推理方式比起嘗試對哲學假說進行駁斥、假設它會危害宗教和道德來得更爲常見，也更爲人所詬病。任何一種見解如果導致謬論，它肯定是完全錯誤；但若是它導致了一種危險的結果，卻不見得是錯誤。所以對於這樣的題目，不如完全避免才是對的，因爲這種辯論並不能對發現眞理有任何貢獻，只會那些反對者得到一種惡名。我這樣的言論只是就一般而言，並不是有意從這裡獲得任何利益。坦白說，我現在願意接受最危險的檢驗，我敢斷言必然和自由的學說，如上文解說的，不單只是與道德一致，而且還是維持道德的絕對因素。

原因有兩種解釋，必然是成爲原因之一的要素，所以必然可以有兩種定義。必然，包含在恆常聯結下的相似事物，或是從這一事物至另一事物的理解推論。這兩種意義（其實根本上是相同的）的必然，在學校、講壇和日常生活中皆爲我們普遍承認的，也就是人類意志在這些感覺的每一部分都與必然有關。從來也沒有人否認我們在人類行爲中能獲得推論，或是否認這樣的推論，是根據相似的動機、傾向和情境的經驗互相結合。只有兩件事，則是無論任何人都能表示異議：㈠這人或許不肯將「必然」這個名詞用以稱呼人類的行爲，但只要我們理解它的意義，我希望用這個詞彙來稱呼並無惡意；㈡或這人極力堅持他的理論，說我們可以在事物的運作之中找到比物質的恆常聯結和構成必然觀念的推斷中，更進一步發現某種東西，但是一定要承認這種發現——因爲它只考量到物質世界——先姑且無論它對於自然哲學或形而上學的意義爲何，它無法對道德或宗教有任何影響。我可能會錯誤斷定，在身軀行爲與恆常聯結和推論之外，並沒有任何其他必然或聯結的觀念——但是我賦予心靈活動的說明，肯定會是任何人都會如此而且同意的內容。我對於物質事物和原因的看法確實與多數人相信的在某些方面矛盾，但是關於意志的看法卻不是如此，所以我的學說可以說是完全無害。

所有的法律以獎賞和懲罰作爲基礎，人們猜測這樣的動機，原本在心靈中存在著一種規則性的、統一的影響，能夠發生良善的行爲以阻止邪惡的行爲，以此爲一種基本的原理。我們可以用任何喜好稱呼這樣的影響，但既然向來將它與動作或行爲互相聯結，那麼必定要稱之爲一個原因，並且視爲本章中用以證明必然的一種案例。

我們怨恨或想要報復的唯一恰當事物，是能思考和有意識的生物。當有個人犯罪或做出傷害他人的動作，便會引起這樣的情感時，這原本只是這種動作與這個人之間的聯結。他們的行爲是暫時、能消滅的，而且像這樣的行爲，不是出自於行爲者的品格和性向的某種原因，這些行爲並不能帶來榮耀（假如這是良善的行爲），或是帶來詆毀（假如這是不良的行爲）。即使行爲本身有過失——儘管他們與所有道德及宗教的規則相反——行爲者不應對這個行爲負責，而且也不可能變成懲罰報復的對象，因爲他們不是像性格一樣從行爲者心中長久和接續存在的東西而來，在這樣的行爲之後並沒有這樣的性格存在。所以依據這樣的原則（反對必然存在、也因此反對人類行爲中的原因），一位犯下罪大惡極行爲的人，他應當具有剛出生時、尚未受到汙染的清白。這個人的性格和行爲毫不相關，因爲他的行爲既不是從品格而來，而行爲的邪惡也永遠不能用來證明性格的邪惡。

無論人們做出的行爲後果爲何，當他做出這樣的行爲時，既是出於無知，也是出於偶然，那麼就無法將後果歸咎於他。爲什麼不能這樣？因爲這些行爲的原則，不過是暫時的，而且也就在這裡終止了？無意犯下的罪行，與衝動之下的罪行，比起有意爲之的罪行，較少對這人咎責，這又有什麼道理呢？因爲這樣的急躁的性格雖然在心靈之中是一種恆常的原因或力量，但只不過是有時發作，並不會影響到整個性格？但是，只有在人類行爲的必要性的基礎上，他們才能表現出對他的思想的任何看法；因此，如果沒有這種學說，它們就什麼都不成立，因此從來就不是犯罪。再者，只要經過悔改之後，改善他的行爲，就可以洗刷任何罪惡，這又要怎麼解釋？只能說，各種行爲之所以成爲一個罪名，只是因爲這樣的動作是心中的犯罪宗旨或原理的證據。而且當一改變這樣的原理或是來源時，就無法成爲正當的證據了。既然如此，那麼就不構成罪名？但是，只有基於人類行爲的必然性，他們才得以表現所有他的內心看法；否則這樣的原則無法告訴我們任何東西，因此也絕不能視爲犯罪。

用相同的理論也很容易就能證明按照上文所規定的自由（這個自由的假說是眾人公認的），也是道德的要素，而且能證明人類行爲要是缺乏這個自由，也就不能具有道德屬性，或是我們也不能對事物加以褒貶。因爲行爲是我們的情感的目的物，以行爲作爲內在的性格、情緒與感情的表現；所以要是他們只是從外在的力量而來，而不是出於這樣的基礎，我們又如何對事物加以褒貶呢？

關於必然以及自由的理論，我並不自認已經消除所有反對者的疑慮。我能預見還有其他的反對者，會加以反對我在這章沒有談論到的內容。例如他們也許會說：「倘若是有意的行爲像事物的運作一樣受到相同的必然規律影響，其中就會有一串連續性的必然原因，注定的和預定的，從所有的原始原因達到每個人的單一意志。像這樣無論在宇宙何處，無所謂偶然的事情、無所謂無差別、無所謂自由。當我們做出行爲的時候，同時也受行爲支配。我們的意志終極主宰就是上帝，祂建造了這座巨型機器，使宇宙萬物運行並各自安處於特別的位置，讓所有後續發生的事件都不得不受到這樣的必然影響，因而必定發生。所以當原因相當良好的時候，人類的行爲也因此不能有道德上的邪惡；或是這當中具有任何錯誤，上帝也會被咎責，因爲祂是這種行爲的終極原因和主宰。有個人放置了一個地雷，無論使用的引線或長或短，他都不能逃離爆炸後產生效果的範圍。同樣地，當一串連續性的必然原因被布置完成，將第一件物品放入這串聯結中的人，也就會是放入其他事物的主宰者，祂必定要受到他人對於這些事物的褒或貶，無論這個主宰者是有限性或無限性的實體（像是上帝）。當我們考慮任何行爲的後果時，我們清楚和無法改變的道德觀念爲我們應用這一原則提供了無可質疑的理性；而像這樣的理性要是由一位具有無限聰明、無盡的權力的上帝應用於意志與意向時，必然變得更爲有力。這位主宰者（例如上帝），祂預見、命令、有意的創造了那些我們草率判定爲犯罪的人類行爲。所以我們的結論，不能只是那些行爲並非犯罪的，或是上帝不須要對此負責。但這兩個定位都是荒謬或不敬的；所以跟隨著這個原則推論而來的學說，不可能是眞實的，因爲它對所有相同的反對原因都是開放的。要是一個原則必然暗示著某些荒謬，那麼這個原則本身也是荒謬的，同樣的，一個行爲必然和無可避免的導致一種犯罪行爲，那麼它本身也是犯罪的。」

這種反對意見由兩部分組成，我現在分別探究：㈠若人類行爲能由這一串的必然聯結追溯到上帝，那麼這樣的行爲絕對不是犯罪。因爲這樣的行爲，是由上帝的無盡完備得來，祂的用意原本是使事物都是美好、受到讚美的。㈡要是人類行爲是犯罪的，我們必定要作出上帝並不完美的結論，而且一定要承認祂是所有事物罪惡和道德的缺陷的最終主宰者。

關於第一種反對的回答似乎很明顯而且具說服力。許多哲學家經由審愼考察過自然的所有現象之後作出結論，將整個宇宙視爲一個系統來看，它在任何時刻都安排著完美的良善，而它的最終目的，是使所有生物都具備最爲可能的幸福，而非混雜著任何確實的疾病和苦難。然後接著是他們如何調和物理性惡疾（像是地震、瘟疫等）的方式，哲學家們說這是造成這個良善系統的要素部分，不可能消除——即使是上帝本身作爲一個全知的主宰——除了使更大的惡疾發生，或是從惡疾的結果除去更多的良善。有些哲學家（古代斯多噶學派，及其他學派也在內）從這種理論當中獲得一種在苦痛之中安慰人心的主題，他們教導門徒說那些正在經歷中的痛苦，其實也對宇宙有益，而且假如我們綜觀自然的整個系統，一切事情都會成爲開心和大喜的事情。

雖然這樣的論調看似高尙而且極具吸引力，然而在執行不久之後，便會看到它的薄弱無力。有個人正因爲罹患痛風而感到痛苦，躺在床上呻吟；而哲學家對他說，因爲一般原則在他的身體中產生這個惡毒的液體，引領著它往正確的路上前進，以通達筋骨脈絡和神經，所以你才會產生這樣的痛苦。這位患者當然會非常生氣！像這樣對自然天性掌握全體的看法，一時之間或許可以讓思辨者的想像感到暢快，因爲這位思辨家是處於安全自在的情境之下；但他不可能長久如此，儘管他沒有受到痛苦或激情的情緒干擾；更別說要是當他受到強力的仇敵攻擊時（大概是指受到這樣的痛苦折磨），他當然不可能不受到動搖。我們的感受不會因爲對於整個宇宙的探索而受到影響；它們喜愛做出較爲狹隘和較爲自然的看法，而且——以一種更適合人類心靈薄弱的方式——只注意到環繞於我們周圍事物，並且因爲它們表現出來的好壞予以回應。

道德上的弊病與生理上的疾病也具有相同情況。我們無法合理假定，那些長遠的考量對於後者的作用會較小，但對於前者卻會具有更大的影響力。自然使心靈建構出它的特殊之處，當它與某種特定的性格、傾向以及行爲交會，他將立刻產生或褒或貶的感受（沒有其他情感比起這兩者對人們的組成更爲重要）。而且我們之所以讚揚品格，大概是因爲它對社會安穩有所貢獻；之所以受到貶抑，大概是因爲它趨於損害及擾亂社會那一方面。因此我們能合理預期道德精神從哪裡產生，像是直接或間接的，由這些對立層面的反省而來——也就是公眾利益或是公共損害。哲學沉思（philosophical meditations）也許會帶來一種不同觀點或是臆測：所有與整個系統有關的事情都是正當的，而且擾亂社會的那些特質，大都也是與那些直接促進社會福祉的特質一樣，有益而且與自然天性的原始意圖相符。但它是什麼？像這樣遙遠和不確定的臆測，能與那些對事物的自然且直接感受上的評定相互抗衡嗎？有個人被強盜搶走鉅款，這樣超凡的反省理論能減輕他的煩惱嗎？顯然是無法！那麼爲什麼他對於這樁犯罪產生的道德上的怨恨，無法與這種超凡的反省相容？事實上，爲什麼哲學的所有思辨系統，不能容納善惡，而是要確切區別，就像個人的美醜一樣，要具有確實的分別？這些區別都是建立在人們內心的自然情感之上，而且這樣的情感不會受到任何哲學的理論或臆測所控制或改變。

第二種反對則不能簡單回答或是給出讓人滿意的答案：在無法解釋爲何上帝不是罪惡和道德邪惡的主宰者之前，我們也不可能解釋祂如何能作爲人類所有行爲的終極原因。這些都是只倚靠自然理性而來的神祕事情——沒有經過神明啓示的幫助——是不配拿來討論的；而且無論理性抱持著哪個系統，必然會到看身旁圍繞著許多困難，而且每踏出一步，就會遇到更多的矛盾。

到目前爲止我們已經發現，上帝對人類行爲的預知超越了哲學能力能調解的無差別和偶然，或是捍衛上帝的絕對命令，使祂免於遭受作爲人類罪行主宰者的指控。倘如哲學在探討這樣的崇高的奧祕時，知道自己過於魯莽，而以合宜的謙退自處，離開最爲充滿黑暗和迷亂的地方，折返回眞實跟恰當的領域，也就是考察在人們日常生活中就看得到的許多理性的爲難之處，將會是一件很好的事情。她會發現這些理論中的難點已經足以竭盡她的研究經歷，不必跳入充滿無窮無盡的疑惑、不確定性以及矛盾的汪洋大海！

【注釋】

① 希波克拉底（Hippocrates），前四六〇—前三七〇年，古希臘時代的醫生，在身處的時代將醫學發展爲專業學科，被後人尊爲醫學之父。——譯者註

② 波利比烏斯（Polybius），前二〇〇—一一八年，希臘化時代的歷史學家、政治家，聞名於後世的作品是《歷史》。——譯者註

③ 塔西佗（Tacitus），五十五年？—一一七年？，羅馬帝國執政官、雄辯家、元老院元老，也是著名的歷史學家與文體家。——譯者註

④ 庫爾提斯（Quintus Curtius），約出生於西元一世紀左右，古羅馬歷史學家，著名且留存至今的作品是《馬其頓亞歷山大大帝史》。——譯者註

⑤ 自由學說之所以得以興起，可以從另一個原因來解說，就是在多數我們的行爲中，我們具有「或許可以」擁有自由，或「有也可以、沒有也可以」這種似是而非的經驗或是虛假的感覺。人和行爲的必然性，不論它屬於物質或心靈，其實都不是在行爲之內的一種屬性，而是任何一位具有理性或知性的旁觀者所具有的一種特質。像這樣的一位旁觀者，能考慮這個行爲的必然性大概是因爲思想的意志而成立，從某種在前的事物來推論它的動作；而自由與必然相對時，不是別的，就只是在這位旁觀者的思想中缺乏那種意志，而且因爲某種鬆懈或是無差別（indifference）導致，也就是旁觀者對於感受到是否要過渡這件事的觀念到另一件相繼發生的事件。至此，當我們作爲旁觀者反省人類行爲時，雖然很少感覺到這樣的鬆懈或是無差別，而且經常可以從人們行爲的動機和意向作出很有把握的推斷，但是我們實際上在作出這些行爲時，我們則常常可以覺得

有跟它相似的。又說我們容易將相似的事物當作相同事物，學者曾經用來作爲人類自由的一種證明，甚至作爲這種自由的一種直覺的證據。在多數的情況下，我們覺得我們的行爲受到意志所控制，而且想像我們覺得這個意志的自身不會受制於任何東西。以下爲原因：當我們試著找出這個論點的目的時，我們覺得它非常容易向各方移動，而且產生一種它本身的影像或形似性，即使它並不怎麼喜歡它決定移動的方向。舉例而言，我正在思考到底要舉起我的右手或是左手，然後決定舉起左手，但我在作出這個行爲時，仍然感覺到一種決定舉起右手的影像或是影子。我們說服自己，關於這個影像或模糊的概念，在當時相當完善並且造成了這個事物自身。以這個例子來說——也就是舉起我的右手，要是有任何人否認這件事，而我們想對它的否認進行質疑時，我們在第二次嘗試做這個決定時，仍會引起我舉起我的右手。在這個例子中，我們忽視了這些行爲的動機是爲求表現自由的狂妄欲望。看起來可以肯定的是，即使當我們想像在自身中覺察自由的存在，一位旁觀者可以經常從我們的動機和性格推斷出我們的行爲，甚至要是他做不到，如果他知道我們在任何情境下的狀況、情緒以及性格和性向的最爲祕密的根源，他多半也可以做到。而根據我的看法，這就是必然的本質。——原註

⑥所以，如果作出原因的定義，說「凡是產生任何事物的東西都是原因」，我們則易於看出「產生」就與「原因」具有相同意義。要是規定原因的定義爲「事物之所以憑藉產生的東西」，這個定義也有類似的可以拿來反駁的地方。試問這個定義之中，「所以憑藉（by which）」是什麼意思？假如這個定義是原因，是「這樣的事物經常出現在這個事物之後（after which）」。若能這樣，那麼我們當然就會理解這些意思了。因爲我們所知道的一切，不過是如此而已。這種經常的特性就是成爲必然的要素，除此之外，我們並沒有其他任何一種概念。——原註

# 第九章　關於動物的理性

所有我們對於實際的眞相（事實）提出的推理，都是從某些類比而來，這使我們預期任何原因都是從過去遭遇過的相似結果導致。當這些原因完全與預期互相符合的時候，這個類比是完美的，這個推斷也會被認爲是確實的。沒人會絲毫質疑他所看到的鐵塊具有重量，而且會彼此吸附，就和以前他所觀察過的其他鐵塊相同。但當這些物體並不完全相同時，這種類比就沒那麼完美，而且對於這種推斷也較無法確信，雖然它仍然會因一定比例的相似性而具有些許力量。觀察關於一種動物的類比，也能因爲這種推理方式延伸至所有動物。舉例來說，血液的運輸，一個生物（例如青蛙或魚）很明顯地能讓我們創造出血液運輸工作是發生在所有動物上的強烈推測。這種類比的推論可以再進一步推理，甚至推至我將要說明的這種哲學裡。任何由我們用以解釋人類理性，或是起源的運作和人類激情的連結的理論，同樣的現象也發生在其他動物身上時，我們就能獲得額外的授權，將這些理論套用在動物上。我應當將這個我不斷試圖想從經驗中解釋所有推理的假說拿來檢視，並且希望這個新的看法——動物所使用的是否也與他們從經驗學習到的一樣，將用來確認我所有說過的內容。

首先，很明顯的，動物就像人類一樣，都是從經驗學習到許多東西，而且推論同樣的結果總是會出於相同的原因。依循著這個原則，牠們對外在物體的屬性會變得更加熟悉，然後逐漸貯存關於自然界的火、水、土壤、石頭、高度及深度等，還有它們作用時產生的影響這類終身的知識。年幼的那群動物，因爲無知和缺乏經驗，與年老又狡猾且富有智慧的那群具有明顯差異。年老的動物因長久的觀察所以學會避免碰觸過去曾傷害過牠們的，並且追求帶來輕鬆或愉悅的事情。一匹對狩獵熟悉的馬了解牠自身能跳躍的高度，而且絕不會嘗試超出牠能力所及的範圍；一隻年老的獵犬，會把較累的狩獵工作留給那些較爲年輕的狗，而使牠自己定位在容易遇到一隻正在原路折返的野兔。牠們之所以猜想會有這種情況出現，是基於觀察及經驗。

經由適當獎勵和懲罰的教學課程，能發現紀律與教育訓練對動物的影響效果更爲明顯，甚至會出現與牠們本能和傾向完全相反的行爲。就像是，經驗讓狗學習到，當你在威脅牠或舉起鞭子要鞭打牠時，牠會恐懼疼痛這件事嗎？不也是因爲經驗讓牠知道你在叫牠的名字而做出回應，並從那個任意的聲音推論出是在呼喊牠，而不是牠的其他同類；還有當你用一個特定的方式、聲調和口音唸出那個發音，意思不都是在呼叫牠嗎？

這些例子讓我們知道，動物除了透過事物立即產生對感官的衝擊去推斷事實之外，牠們還會從當下的物體預設牠過去總是從相似物體觀察而來會產生同樣的結果時，這種推斷是完全來自過去的經驗。

再者，這種對動物的推斷的看法，不可能是基於他歸納出相似結果必須遵循相似物體的任何論證或推理過程，而且自然教予我們的課程就是在其運作中的規律性。要是在自然的論點這之中有任何事物，他們肯定因爲對那些動物的不甚理解而過於艱深難懂，因爲它可能是需要一個哲學天才的極度關注，才能發現以及觀察得到。所以說動物並非因爲受到這些推理的判斷所引導，兒童也不是，大多數人的普通行爲和結論也不是，甚至是那些在日常生活中與普通人一樣受到相同處事原則控制的哲學家或科學家，他們也不是。

爲了使人們還有動物從過去經驗獲得對未來事物的預期，自然必定是提供除了推理以外的其他手段——一些更容易取得和使用的原則。像這樣在生活當中如此重要影響的運作，自然絕對不能託付給不確定過程的推理和論點。甚至，如果你覺得這個說法對人類是可疑的，那麼對動物來說卻是毫無疑問的。這個結論一旦對動物而言是穩固成立的，我們就可以根據類比的規則所作出的假設，它應該受到人們毫無例外的普遍承認。也就是依據這個類比概念，我們會很自信的接受它應當是普遍性的，也毫無例外。①只有習慣才會使動物由那些刺激牠們感官的各種物體，進而推斷出其普遍的伴隨者，並藉由我們稱之爲信念的特殊方式，將它們的想像力，從一件事物的出現帶往另一件事物。對於這個所有層級的敏銳型生物運作沒有其他解釋——不論是更高以及更低——這是屬於我們發掘出的啓示以及觀察。

但是儘管動物從觀察中獲得許多知識，有很多部分是由自然在最初的狀態就賦予給牠們的。這些遠超過動物在日常情況所展現出的能力，牠們很少甚或沒有透過實踐和經驗改進這部分。我們稱這些爲「本能」（instincts），而且傾向懷疑在它們身上的東西都非常特別，不能用任何我們可用的事物解釋。但當我們考慮到，我們與動物共擁有的，以及生活所依賴的全部皆來自於經驗的推理時，不是別的，就只是一種我們不知道但仍在運作的本能或機械能力，而且其中的主要運作並非由任何我們理智官能（intellectual faculties）的適當對象的關係或概念的比較所主導，我們的疑惑也許會停止或削弱。舉例來說，火焰與痛苦之間沒有任何智慧可以做到任何事情的關聯，沒有因爲比較而較可能進入邏輯辯論的想法。本能教會一隻鳥如何正確的孵蛋還有築巢；本能也告訴人們避免火焰；兩種雖是不同類型的本能，但也都是本能。

【注釋】

① 你可能會問：既然所有關於事實或原因的推理是只從習慣而來，那麼爲何人類的推理遠遠優於動物？爲何這個人的推理會優於另外一個人？難道對所有事物而言，習慣相同，卻沒有相同的影響嗎？我這裡將試著解釋人類理性中的極大不同，然後會使我們更清楚的知道人類理性與動物理性之間的差異。

1. 當人們已存活數年，對於自然的一致性已十分習慣，因此便具備一種普通習慣。根據這個習慣，我們將已知的事物推論至未知事物，而且未知事物的概念與已知事物的概念相似。我們用這樣的普通習慣的原理，甚至只用一次實驗推理的基礎，而預料會有一種相同事情以特定程度的精確性出現，只要這個實驗是在精準的和免於某種干擾的情境下進行。因此學者們都會認爲觀察這個實驗的結果是見極爲重要的事，而實驗進行中，某A對這個實驗的記憶和觀察又遠遠超出某B，這兩人的推理就會產生很大差別。

2. 若是產生任何一種結果都具有複雜的原因，那麼這人的心靈或許較爲寬闊，遠超過另一個人，能了解多數事物的整個體系，而且正確的推斷出結果。

3. 這個人能比另一個作出更長串的一系列結果。

4. 少數人的思維不會因爲長時間進行思考而混淆或弄錯了許多概念。大多數人或多或少都有像這樣的缺失。

5. 結果依賴的情境經常與其他與結果無關的情境結合。要區別出來需要極大的專注力、正確性和敏銳度。

6. 由特定觀察而來的普通格言的形成是一種精密的運作，太多人因爲急躁或狹隘思考而阻礙了看見事物的全貌，以至於犯下錯誤，這是經常可見的。

7. 當我們從類比推論時，較有經驗或想到類比事物更快的人，會成爲更好的推論者。

8. 偏見、教育、激情、黨派等傾向，會使人更加受到束縛。

9. 在我們對人類證據獲得深信不疑後，書籍和交談可能會使一個人的經驗和想法的範疇擴大……。——原註

# 第十章　關於神蹟

# 第一部分

提洛森博士①提出一個反對基督眞實臨在（real presence）②的論點，反對聖餐中耶穌肉身以及有寶血的說法。這個論點非常精練、優雅、強而有力，就像那些很少能被嚴重駁斥的理論一樣。這位博學的主教說：「所有人都會同意，經文及傳統的權威來自於那些見證過我們的救世主（saviour）展現祂神蹟的使徒們的證詞。因此，我們關於基督教宗教眞理的證據不足以證明我們感官的眞實性，因爲即使是基督教的第一提出者中，證據並沒有比那更好，而且很顯然的，它必須在傳授給信徒時失去力量；沒有人可以像他的感官直接對象一樣對他們的證詞充滿信心。一個較爲薄弱的證據永遠無法擊破強力的，因此即便是已經如此確實呈現在經文中的教條，它也會因爲直接違反了聲音推理的原則使我們同意它。它牴觸感官告訴我們的事實，麵包不可能是耶穌的肉、紅酒也並非寶血；儘管依照教條所支持的經文和傳統並不向我們感官提供了有力證據一樣——當這些只是被視爲外在的證據，也就是說並不是每個人內心都具有聖靈運作的胸懷。」

沒有什麼比這種果斷性的論點更便於說明這種道理的，即使它並未說服那些反對者，但至少可以讓那些最傲慢的偏見和質疑安靜下來，令我們免於被他們糾纏。我敢吹噓我發現了一個相似的論點——有一個，假設是聲音，會使聰敏且受過教育的人們作爲各種令人質疑的迷信妄想能當作一道藩籬，只要這個世界依然存在，便能持續受用。我認爲那是悠久歷史、神聖與俗世不斷傳述神蹟和怪異事情的原因！

雖然經驗是我們推論事實的唯一指引，但必須承認這個指引並不是完全不會出錯的，它在某些情況下容易使我們犯錯。某個人如果預測，六月的某一週天氣會比十二月的任何一週來得好，他所做出這個推理的依據是來自於相符的經驗，可是他當然也很有可能會發現他的預測結果有誤。我們可能會觀察到，在這種情況下，此人不會抱怨經驗帶給他的錯誤判斷，因爲透過衝突的結果會讓我們學到謹慎評估，所以也通常會告知我們事先的不確定性。不是所有影響都會跟著它們相同可能性所假設的理由。在所有地方和年代都會發生一些連結在一起的持續事件：其他會被發現更具變化，有些時候會因不合預測而讓人感到失望；因此我們對於事實的推理，有全部可想像的確認程度，從最高可能性的到最低可能性的證據都有。

因此，一位聰慧的人，將他的信念及證據視爲等重。根據絕無錯誤經驗的結論，他以最高度的信心預期結果，並用過去的經驗做爲未來出現的這個結果的完整證據。然而對於其他案例，他謹慎小心的進行：衡量相反的實驗；他會考慮哪一方的論點有較多實驗支持；他以質疑及猶豫傾向於某一派；直到最終他修正判斷，他的證據也絕不會超過我們稱之爲「概率」的那些看法。於是，所有的概率中預設了實驗和觀察互相對立，當有一方超過平衡，另一方則會產生一定比例的證據以取得優勢。我們只能有一種質疑，有一百種實例和實驗支持，並有五十種對立；儘管只有一個用合理的矛盾統一一百多種實驗的結果，提供了頗爲強烈的保證。在所有截然對立的實驗中，我們必須將它們從較大的數字中減去較小的數字，使它們相互平衡，以便得到確切有力的最佳證據。

讓我們將這些原則應用到一個特定的例子。沒有任何一種推理是更爲常見或有用的——儘管是必要的——比起他人的證詞和目擊者的報告，人類的生活更爲眞實。也許你否認這種推理是根據於因果之間的關係。那麼，我不會與你爭論。對於我自身想法的脈絡，我需要的只是任何對這番論證的信心完全來自於我們對人類證詞是否眞實的觀察，以及這些事實的證人如何符合他們的說詞。一個普遍的原則是，沒有事物會擁有任何可被發現的、與另一事物之間的必要連結，而且所有我們從一件事物獲得對另一件事物的推斷，只不過是基於我們對它們之間的恆常及規律連結的經驗，所以我們顯然不需要因爲要支持人類證詞而做出例外，因爲在任何成對的物品中，證詞及事實之間僅有少數的必要連結。假如記憶並未有一定程度的可靠性、假如人們並未傾向於追求眞理和誠實、假如他們不會因爲謬誤而感受到羞愧……，假如這些都未在人類本性蘊含的經驗特質中，我們絕不可能對人們的證詞具有最後的信心。一位發狂的人，或是以說出謬論、行爲惡劣聞名的人，他們說的話對我們而言不具任何可信度的。

因爲由證人和證詞所提供的證據是出於過去經驗，是隨經驗轉變，並且它被視爲一種驗證（proof）或僅是概率（probability），需取決於它是未被證實的報導還是已成事實的連續性或可變動性之間的關聯。在所有的這種推斷下要考慮一些情況，而且最終的標準是我們處理任何爭議總是基於經驗和觀察。在某些經驗無法支持我們論點的案例，我們的推斷中必定會出現矛盾，與各種其他的證據具有同樣反對和相互破壞的論點。我們經常猶豫於接受他人的報導。當我們找到一個站在我們立場的絕佳方式時，我們將那些造成任何質疑或不定性的相反的情境相互平衡，但仍以一定比例的減弱了相反論點的保證。

當人們的證詞令人質疑，這些證據的矛盾性可能是出自於多種不同的原因：相反證詞的反對者、證人的性格或數量、他們傳達證詞的方式，或以上所有因素的總合。當這些證人彼此牴觸時，我們用懷疑處理任何有關的事實，思索他們當中是很少或者是有許多非常可疑的；或他們是否能從這些證詞中獲得什麼；或當他們表達證詞時是充滿猶豫或過度自信的。以上許多的因素都會削弱或損害從這些證詞衍生而來的論點的力道。

例如，那些試圖建立一些突出和驚人眞實的證詞。這種證詞作爲證據的價値會因爲這一事實被證明爲更少見或更常見，而被評爲或大或小的減輕它的力道。我們相信證人和歷史學家的原因，不是由於我們在證詞與眞實之間找到先驗關係的連結，而是因爲我們習慣尋找這兩者間的一致性。但是當這件事實與我們極少觀察到的事情吻合時，我們內心對於這兩種相反的經驗會進行一番競爭；其中一個耗費它本身的部分力量摧毀另一個，然後用剩下的部分運作它的心智。在這樣的例子裡，經驗的相同原則將那些證人的證詞給予了我們某種程度的保證，同樣也給予我們對證人試圖建立的聲明抱持反對態度的另一種程度的保證；而從這種矛盾之中必然產生一種平衡的對抗，以及信念和權威的相互破壞。「我不相信這樣的故事，即使是由老加圖③告訴我的。」是一句羅馬時代的名言，甚至是描述老加圖這位哲學界的愛國分子一生中最爲著名的話。如果允許，這個聲明的難以置信程度，就像老加圖這位具有權威的人所說的話無效一樣。

一位印度王子，當他首次聽到人們提及霜的作用時會感到不可置信，因此自然需要有許多強而有力的證明使他接受這種他從未遇過、與他過去經驗的持續性和一致程度幾乎沒有相似類比的自然狀態。雖然它們並未與他的經驗相反，但這些事實——包含急凍般的寒冷——也不符合。④但爲了增加違背這些證人說法的可能性，我們以一個例子來說明確認的事實，它不只是超凡而是眞正神奇的事情；那些證詞被認爲其中所陳述的分開的內容也是眞實的，因爲證人的說詞被證實爲可靠的，這當中沒有任何可疑之處，他們（證人）也不會從中獲得任何東西，於是如此反覆。在這樣的例子中，證據能證實此點，更強而有力的證詞將勝出，但仍然會一定比例的受到反對方力量的影響而減弱。

神蹟的展現是一種對於自然法則的違背；正由於堅固及無可替換的經驗建立了這些法則，那些反對神蹟的事例——只是因爲它就是神蹟——就像那些從經驗得出的推論一樣，是可能想像出來的。爲何以下所有的人都會死亡、沒有東西支撐的鉛塊不能漂浮在空氣中、火堆會因木塊擲入燒得更旺而會因水而熄滅，除非這些事件與自然法則相符，而且對於不同的事情，則必須違反這些法則，或者也就是那些我們所謂的神蹟？當某件事發生在常見的自然歷程中，沒有任何事物會被視作神蹟。當一位看似健康的人突然死了，這並非神蹟；像這樣的死亡，儘管比其他人來得不尋常，它仍然是件可觀察到會發生的事情。但是一名死者復活過來卻是神蹟，因爲這種情形在任何時代或是國家都未曾被發現過。因此，各種神蹟事件中必定會訂有一個統一的經驗，否則這件事情不會被視爲神蹟。當一個統一的經驗與證據相符，我們對任何神蹟的存在就會產生一個直接而完整的解釋，那就是「它就是個神蹟」；像那樣的證據是不會被破壞的，或是被認爲是可信的，除非相反的證據更強大。⑤

這顯然引領我們朝向一個更值得我們注意的普遍原則：

除非這個常識建立起來的事實比起虛假更爲神奇，不然沒有證據足夠建立一個神蹟。而且即使是有一個相互破壞的論點，論理較強的那個只會給我們一個適當的保證。

當任何人告訴我他看見一個死人要復生，我很快的會問自己發生在此人身上的眞實情境可能是在欺騙自己或是正在被他人所欺騙。我會將一個神蹟和另一個相比較，並依據我所發現的優越程度說出我的決定，並且總是拒絕接受另一個更好的神蹟。要是他證詞中的謬誤比他所涉及的事件更爲神奇，那他便可以聲稱可以控制我的信念或想法，但並非如此。

## 第二部分

在以上的推論中，我曾假設建立一個神蹟的證據也許相當於一個完整的證明，而且這個證據的荒謬將成爲一個眞正的奇事。但是這很輕易就能證明，我們讓步的太多了，而且永遠不可能會發生基於這種證據而建立的神奇事件。

首先，所有歷史上的神蹟都沒有被足夠的人證明；那些人還得具備不會受人質疑的良好教養、教育以及學習，確保他們本身不會被欺騙；那些人需要具備毫無疑問的誠信，消除他人對他們會欺騙他人的疑慮；那些人需要具備信用和聲譽，一旦他們被證實對某些事件說了謊話，便會遭受許多損失——神蹟——用這種公開方式，且在世界某處相當知名的地方檢驗這當中的任何虛假，是無可避免的。假如我們要全然信任對人類的證詞，那麼像這樣的所有情況都要被滿足。

第二，我們也許能在人類天性中觀察到一個原則，假如透過嚴格檢驗的話，必定會發現能減弱那種相信人類對於任何神蹟證詞的可信度。在我們的推斷中，我們經常遵照以下準則行事：我們未曾經驗過的事物與曾有過經驗的事物相似；我們所知最普遍的事情總是更可能發生的；以及當出現相反的論點時，我們應當給予那些是基於我們在過去較多觀察到的事物更多的偏好。這個規則引領我們在第一時間拒絕任何某種程度上不太尋常跟過於驚奇的證詞；但是在規模愈大的情況下，我們的心智並非總是按照相同法則進行，尤其那些非常怪異和神奇的事情，我們反而更因爲它們的特徵破壞了所有它本身的權威而更容易接受。神蹟中的驚奇及神奇景象是一種令人愉悅的情感，而我們傾向相信祂所衍生出來的任何事件。至此，即使是那些無法立刻享受這種樂趣的人，因爲他們不相信那些所謂的神奇的事情，仍然會喜愛參與分享這種第二手或反饋回來的滿足感，並且對喚起這種驚奇感到自豪及開心。

我們是多麼貪心的想要看到旅人的驚奇描述啊！——他們對大海和山怪的描述、精彩的冒險故事、奇人和野蠻的風俗！但當宗教精神與神奇的愛相互結合時，就會產生一種常識的終結；在這些情況下，人類的證詞失去了對權威的所有要求。

一位熱中於宗教的人也許是狂熱的信徒，而且可能會幻想他看到並不存在的東西；他也許知道他的陳述錯誤，然而仍會以推廣神聖的旨意這種最佳的意圖堅持他的看法；而且即使這個推廣的妄念並無效果，他的空幻——受到強烈驅使鼓勵——比起其他人在其他情形之下，在他身上的運作更有力量，且其個人利益也會以相等力量運作。他的聽眾也許不會，一般來說，也不會有具批判性的充分判斷以檢驗他的證詞；而他們究竟有怎樣的判斷使他們自動放棄這些偉大和神奇的主體；或要是他們想要的話——即使非常渴望——應用他們判斷，這之中的工作仍會使他們因爲受到情緒和豐富的想像力而感到失望。他們的輕信助長了這些與神蹟相關人士的傲慢，而他的傲慢壓過了他們的輕信。

雄辯的口才，當以最高音調，留下極少的空間給理由或反應；它只是對想像或感受說話，吸引有意願聽他說話的聽者；使他們理解。幸運地，很少會走到這麼遠。但西塞羅或是狄摩西尼⑥）不能使羅馬或雅典群眾信服的內容，每位四處流浪的或固定的傳教士，都能藉由觸動多數民眾粗鄙和一般的情感，在一種更高程度上而得以做到。

在任何時代裡，許多僞造的神蹟、預言還有超自然現象，有的是被相反的證據揭露爲假的，有的是因爲它們自己本身的荒謬而暴露，表示人們非常喜愛非凡和奇特的事情，這些故事都讓我們應當抱持著懷疑。這是我們思緒的自然特質，儘管只攸關最普遍和最可信的事件。例如，沒有任何報告指出這件事會像與婚姻有關的那些事情般的那麼輕易出現且快速傳播，尤其是在郊區和各省分的小鎮更是如此；以致兩位門當戶對的年輕人只見過兩次面，而整個社區就迅速將他們的婚事傳開來了！這樣被當成有趣的故事，透過人們加油添醋、煞有其事般地講述這個消息而廣傳，而且像是第一次告訴他人。更爲人所知的是，沒有任何具敏銳度的人會關注這些消息，直到他們找到更好的證據來證實它的內容。那麼現在來看看，關於所有宗教的神蹟，這些同樣的激情，以及其他更爲強烈的情緒，不是讓多數人傾向相信並且報告，有力且富有信心的說給其他人聽嗎？

第三，它強烈反對所有超自然和神奇事件的傳言，它們主要發生在一些無知和野蠻的國家；而且如果一個文明人士一旦接受當中的任何一個，那麼人們會發現他是從那些無知和野蠻的祖先所繼承而來的，用「你最好相信這個」的這種權威，於是總是伴隨著他們所接受的意見而來。當我們閱讀任一國家最早的歷史時，我們傾向以自身的想像力進入類似的新世界，在那裡整個自然界的框架是與現實脫節的，而所有元素的運作都跟現在的眞實世界非常不同。戰爭、革命、瘟疫、饑荒以及死亡，從來都不只存在於那些我們經歷過的由自然因素所造成的影響的歷史之中。神童、預兆、神諭和判斷力將一些自然事件融合。但是當我們邁入啓蒙時代，神童等這些東西在歷史的書頁上漸漸變薄，我們很快就學到沒有所謂的神祕或超自然的事情會發生，一切都只是由於人們普遍喜愛奇異的事情，而也許這種傾向偶爾會被良好的品味和學習遏止，但絕不可能全然從人類本性消除。對於這些歷史學家的言論，一位明智的讀者或許會想：「這眞奇怪，像這樣驚人的事情從未在我們的時代出現。」但我希望你不會認爲是奇怪的，因爲人們在任何時代都會說謊。你肯定也看過十分脆弱的例子。你當然也已經聽過許多像那樣奇特的故事，接受了所有明智和恰如其分的輕蔑，最終甚至被一般人所拋棄。你可以確定已經傳播開來而且知名到一個可怕高度的謊言都有著相似的開頭；但是當被散布到更好的土壤之中，最後便會升高成爲幾乎等同於他們所說的神童。

假先知亞歷山大⑦，曾經是知名的而現在爲人所遺忘。他有一個很聰明的方法，在帕夫拉戈尼亞開始他的騙局，那裡的人們非常無知和愚蠢，再粗糙的妄論他們也會接受。那些距離遙遠且具有薄弱心智認爲這件事值得一看的人，無法獲得更佳的資訊。這個故事被添加了上百種情況。愚蠢的人忙於傳播他的騙局，而明智和受過教育的人即便沒有具體能指出自己看法和明確的事實，也能清楚的駁斥這個騙局且多半滿足的嘲笑其荒謬。這正是驅使亞歷山大能從無知的帕夫拉戈尼亞繼續欺瞞世人，甚至在眾多傑出和顯赫的古希臘、羅馬的哲學家中脫穎而出並招募信眾——確實，抓住了羅馬賢君馬可．奧理略⑧的注意，他相信了亞歷山大令人目眩神迷的預言，以爲這個預言會爲他帶來軍事侵略上的成功。

對無知民眾開啓一場騙局的好處是，即使這個謬論對大多數人而言過於粗糙（多數時候是，但也並不總是），但如果是跟以藝術和知識聞名的城市相比，在偏遠城鎮中進行絕對會有較大的機會能成功。在前述例子中，最無知、野蠻的人們把這個消息傳到其他地方。他們之中，沒有人的任何同胞對此有較大的回應，或有充足證據和權力去牴觸他們的狂言和拆穿他們。因此人類對於喜愛奇異事情的傾向有全然的機會能夠自我發揮。因此一個故事在它的發源處雖然會廣爲流傳，但在千里之外肯定會成爲一個眞實的故事。但要是亞歷山大住在雅典，一個以學習出名的城市，那裡的哲學家們的理論經常迅速傳播至整羅馬帝國，而且這是得到非常偉大的權威所支持的，將所有的理性和口才表現出來，完全打開了人們的眼睛。偶然路經帕夫拉戈尼亞的琉善，⑨得到了一個很好的機會爲當地人解釋。但再怎麼理想，不是每一位亞歷山大，都會遇到一位準備揭發他欺騙行爲的琉善。

以下是第四個削弱神蹟權威的原因。沒有任何關於神蹟的證據，即便是那些沒有完全被證實是假的，那些未被無數證人所反對的；因此不只是神蹟消除了證據的信用，證詞更消除了它本身。要進一步了解爲何如此，必須記住的是就宗教而言，不同的是相反的，古羅馬、土耳其、暹羅（泰國）以及中國的宗教不能可都有堅實的基礎。在這些宗教中所聲稱表現出來的任何神蹟（而且這些的宗教到處充滿神蹟），都直接想要建造一個它們所隸屬的特定體系；它有相同的力量，儘管較不直接，推翻其他任何系統。破壞一個敵對的（宗教）體系，就好比毀壞那個體系中建造出的神蹟的可信度；所以所有不同宗教中的奇蹟都會被認爲是不符的事實，而且用以證明這些神蹟的證據，無論薄弱或有力，是彼此相反的。當我們相信穆罕默德或他的追隨者的任何奇蹟，我們是依賴著少數野蠻阿拉伯人的證詞。另一方面，關於李維、⑩普魯塔克、⑪塔西佗以及所有作家和證人——希臘人、中國人和羅馬天主教徒——都曾講述過任何關於他們特定宗教信仰的神蹟。根據我所陳述過的思緒脈絡，我們應以相同觀點看待這些證詞，就好像他們提過的穆罕默德神蹟，而且明確地以相同的證據反駁他們所告訴他人的神蹟。這個論點可能看起來過於微妙和精細，但其實就如同法官的推理，他假設兩位證人的證詞，被另外兩位的指控所破壞，他們說被告在遠在兩百里之外的地方犯下罪行（那麼前兩位證人的證詞就會被後兩位證人的證詞推翻）。

在非宗教性的歷史之中，一個最佳證實奇蹟的例子是塔西佗關於羅馬皇帝維斯帕先[12]的描述，他在亞歷山卓用自己的唾液治好了一位盲人，並且還只靠著碰觸而使一位瘸腿的人復原，和神明塞拉皮斯[13]告訴他們向這位皇帝尋求醫治的預言一致。這個故事或許看起來只是一位優秀歷史學家的作品，因為每個細節似乎都替這項證詞更增添說服力。它可以有力的論點和口才被詳加討論，假如現在有任何一人想要加強這種具爆發力和迷信的情形。我們很難想像有這麼粗糙和明顯錯誤的證據。它的說服力來自於下列四個因素：重要性、穩固性、年紀和這位卓絕皇帝的廉潔操守。他將生命中的所有歷程轉換為一個像是他親朋好友熟悉的方式，而永不擺上像偉大的亞歷山大大帝和德米特里一世[14]的那種超越凡人的態度以及神性。這位歷史學者，一個以直言不諱和描述真實的歷史在當代聞名的作者，等同於在古時候可說是最偉大和最透徹的智力，並且也絕無任何輕易就相信的傾向，這致使他遭受了許多無神論和無宗教的反對抨擊。那些從塔西佗描述的神蹟中出現的人們，根據猜測他們所建立的性格應該是具備良好的判斷力及真實性；他們是這些事實的證人，而且在維斯帕先

（Vespasian）家族失去羅馬帝國後持續驗證了這些事實，更不可能以任何獎賞換取一個謊言。關於事實的公開特性告訴我們，沒有證據能更強烈的證明一個如此嚴重和難以抹滅的錯誤。

紅衣主教萊茲⑮也曾講過一個令人印象深刻的故事，或許值得我們思考。有一位狡詐的政客爲了避免敵人的迫害而逃至西班牙，途經札拉哥沙，⑯在那裡他看到一位在一座教堂服務當門房七年的男人，所有會去教堂參加集會的人都知道此人。長久以來，大家都知道也看到這位男人缺了一條腿，但靠著在殘肢上塗抹聖油而痊癒；這位紅衣主教向我們保證他看見這位男人有兩條腿。這個奇蹟是依據所有教會的教規大力保證的，而所有鎮上的人民都懇切地確認了這是事實，他們熱切的奉獻告訴這位主教他們都是這個神蹟的相信者。在此處報告這番假設出來的神蹟與當代相符，並且具有難以置性和自由思想的特質，像有著極大智慧一樣，所以他不會質疑是宗教詐欺或出於愚昧。而這個假設的奇蹟是幾乎無法被僞造的那種特殊類型，而且目擊者眾多，也都在旁認證。替那些證據更添說服力的，而且使我們再次對這種情形感到驚訝的是，敘述這個故事的主教本身（跟這個故事有關的人）似乎不相信，於是這件事也無法被認定是伴隨著神聖的宗教詐欺行爲。他很快的就想到，爲了拒絕這種性質的事實聲明，沒有必要透過這些產生無賴行爲和輕信的情形以驗證和追蹤這些謬誤。這就正如站在一小段距離的時間和地點一樣不可能，因爲人們大多都有著偏見、無知、狡詐和欺瞞。因此他得出一個明智的結論，就非常表面看來，像那樣的證據是錯誤的；而由人們證詞所得知的神蹟，比起駁斥它，反而不如一笑置之。

對任何人來說，肯定沒有最近在巴黎神父弗朗索瓦・德・佩里斯⑰墳墓上表演的神蹟數量來得更多的神蹟；這位知名的楊森主義（Jansenism）者，長久以來一直在欺瞞世人。治療感冒、使瞎子和耳聾的人恢復視力和聽覺，是關於聖墳的各處都提到的普遍影響。但更爲特別的是：在這個學習力蓬勃發展的時代，以及可說是世界上最出類拔萃知識分子的舞臺，在公正無私的法官面前，透過那些可信的證人和說詞，許多神蹟是很快地就當場被檢驗出來的。雖然也不全然是如此。他們有的人的解釋被出版以及散播到各處；還有耶穌會（Jesuits），一個由市府地政官支持的傳教（博學）組織，他們將那些支持神蹟的人視爲敵人，絕不能清楚的反駁或暴露他們。⑱

我們該到哪裡才能找到這麼多合乎這種情況的情境，以一致的來證明一個確實的事實呢？而我們該如何反對像這麼多的證人，除了根據他們所指稱的相關事實是絕不可能或是具有神蹟的本質呢？在所有講求理性的人眼裡來看，只有這樣就能被認爲可以當作一種充分的反駁。

有些人們的證詞在某些案例上是最爲有力和具權威的，例如與腓力比戰役或法薩盧斯戰役有關，但這難道就能斷言所有的證詞在任何情況下都具有同等力量和權威嗎？假設凱撒的和龐貝的派系各自都聲稱在這些戰爭中獲勝，而兩邊的歷史學者們各自將較優越的部分描述到自己那邊，我們在經歷長遠的時間之後，要如何確定這當中誰說的才是眞的？

這之中矛盾的強度就像與希羅多德（Herodotus）或普魯塔克之間，以及那些由馬里亞納（Mariana）、比德（Bede，又稱聖比德）或任何僧侶歷史學者所傳達的內容一樣。聰慧的人對於利於引起人們激情的所有報導都採取懷疑性的態度，無論它是使他的國家、他的家族或是他本身的事情，或其他與其自然傾向相關的事情感到光榮。但對傳教士、先知、上天的特使而言，有什麼會比引領他們至天堂更好的誘因？誰會不願意冒著危險和困難只爲了到達天堂？或假如有個人一開始便透過虛幻和強烈的想像力，轉換了他自己的想法，並深深陷入妄想，誰還會對於利用這些虔誠的詐欺行爲以此支持像這樣神聖和有功勛的事情有任何猶豫？

最小的火花可能會引起烈焰，因爲這些材料總是爲其準備。炯炯注視著的群眾，渴望著八卦、貪婪地且毫無批判的接受那些支持著迷信和傳播奇事的內容。

在所有時代，有多少這個本質的故事在一開始的階段就被揭露？又有多少曾被一時爲人尊崇，卻轉眼又受到忽視和遺忘？因此像這樣的報導到處傳來傳去，其中的解釋很明顯：當我們對這些故事以輕信和妄想的著名和自然準則進行解釋時，會與我們常有的經驗和觀察加以判斷。比起依賴一個非常自然的解釋，我們何不就允許一個神奇的違背大多樹立起來的自然法則？

我不需要指出查出這些在任何隱私或任何公開的歷史謬誤的困難程度，當有一人在一段距離時讓他自己獨處，不論距離有多麼小。即便是在一個具備權威、正確性以及判斷力的法庭之上，也常常會發覺很難在區別近來作爲的錯誤上找出眞實。

在新興宗教萌發之時，智者和飽學的人士經常認定這件事實無足輕重，不值得他們注意。而當他們之後想要揭露這些詐騙行爲以讓受騙的群眾醒悟，已經太晚了：那些可能足夠解決這個問題的紀錄和證人都已經死亡，更無法恢復了。

剩下來能使我們揭露事實的只有那些報導者傳述的證詞——例如那些與內部不一致的報導。這些方法，儘管已充分謹愼和知道，對普通大眾在吸收上來說，仍多半過於細微和精緻。

綜合以上來看，看起來沒有任何一種神蹟的證詞會達到或然率，更不用說是證明；即使它的確等同於一個證據，它也會被另一個源自於試圖建立事實本質的證據所反對。我們的經驗使人類證詞具有權威，也是相同的經驗向我們確認了自然的法則。所以當這兩種經驗互相對立時，我們只能從其中一個萃取出另外一個，然後採取其中一個，或是另一個由剩下來的那個之中獲得一定保證的那一方。但根據我所說的原則，當熱門的宗教出現問題時，這種減法的方式就完全不適用；而且我們把它接受爲一句名言，任何證詞都不具有證明神蹟的力量，並且成爲任何宗教體系的合法基礎。

請注意我用來說明的這種限制，當我說一個神蹟爲了宗教制度的基礎是永遠不可能被證實的。在此限制之外，我承認，可能是有神蹟出現或是違反了自然法則的事情，經由人們的證詞而得；即使如此，在所有歷史紀錄中是不可能找得到的。因此，假設使用各種語言的所有作家同意一六〇〇年一月一日開始，爲期八天是全球最黑暗的日子；假設這個特殊事件依然屹立不搖的流傳在人們之間，那麼來自各地的旅人從異國回家時，必定會替人們帶來同樣的傳統說明，並不會有任何差異或不同之處。很顯然的是，如今的科學家們不應質疑事實，而是應該要接受並找尋其中的原因。自然的腐化、敗壞和分解是一種可能由許多類比造成的事件，任何看起來的災難傾向的都還在人類證詞的範圍內，假如這些證詞非常廣泛和一致的話。

但假如所有撰寫英國歷史的歷史學家都同意：一六〇〇年一月一日，伊莉莎白女王逝世，不論是她去世之前還是去世之後，所有的御醫及整個法院都曾看過她；她的繼位者也已經被國會承認及宣布。然而在下葬後的一個月後，她又重新出現在人們面前，重拾皇冠並繼續治理大英帝國三年。我必須坦承我對這些奇異的事情會覺得訝異，但我不會有任何一點傾向相信這些神奇的事件。我不會質疑她的死亡聲明或其他那些出現在公共場合的相繼情況；但我會斷言這些只是他人所聲稱的，而且不太可能是眞的。我想你也沒有必要特別指出：這樣一件大事的困難程度和重要性，幾乎不可能欺瞞世人，況且這位擁有睿智和堅毅判斷力的女王，她也絕不可能在這場騙局中獲得任何利益。這全都可能讓我感到詫異，但我仍會回應人類的狡詐和愚蠢是常見的行爲，因此比起承認它違反法自然法則，我寧可相信他們所同意的最爲奇特的事件。

但是假如這個預期出現的神蹟歸於一個新的宗教系統，所有時代的人們都會被這些僅只是具有宗教意義的宣稱荒謬的故事，而且將足以使所有明智的人們不僅只是拒絕這個神蹟而已，更會在缺乏進一步檢驗的情況下。不過要是把這種奇蹟歸因於任何一種新興宗教體系，我們仍認爲人類在任何時代都很常被這樣可笑的故事所欺騙，單單這個情況就足以證明這全是騙局，這對任何理性的人而言，他們不但會足以駁斥這是事實，而且還可不經考慮。雖然這個「神」（在此預設中）因爲展現的神蹟而被當作天神，也沒有絲毫變得更加可信；因爲除非從我們對祂一般自然傑作的經驗而來，否則我們根本不可能知道這是神明的行爲。這仍然得仰賴我們過去的觀察，迫使我們不得不進行比較，究竟是奇蹟經常破壞自然法則，還是人類證詞經常破壞自然法則，以此判斷兩者之中哪個最有可能。當違反眞實的行爲在關於宗教神蹟的證詞之中比起其他事實更常見時，這必定會大大的減弱前者的權威性，而且使我們形成一個永遠不會關注的普通決議，儘管閃爍的僞裝可能是被掩蓋了。

培根爵士（Lord Bacon）似乎也抱有相同的推理原則。他說：「我們應當製作關於一切異相的資料彙整或特定歷史或創作，也就是在自然界中，所有新奇、珍稀和奇特的事物，但這必須以最爲嚴格的審查來看，讓我們從眞實之中辨別。我們尤其應對宗教報導在任何程度上都抱持著質疑，就像那些與李維有關的神蹟；還有同樣的是，一切由作家撰寫的關於自然魔法或煉金術等這類東西，他們看似全都對虛假和預言有著壓抑不住的品味。」[19]

我會對這種想法更加滿意，因爲我認爲它或許更適合用以難倒那些對基督教而言是危險的朋友或僞裝的敵人，他們承諾要以人類理性的原則保護它。我們最神聖的宗教是基於信念而來，而非根據理性；一個肯定能讓這看起來更糟的是，將它放入一個測驗檢視而發現根本不可能通過。要讓它看起來更明顯，讓我們檢驗這些雕刻之中的神蹟；以致於不會讓我們迷失在太過廣泛的領域，使我們限縮於《妥拉經》（《舊約聖經》中的前五本書）中的神蹟。我應當檢查這個依據那些自稱為基督徒的原則——那些經由理性捍衛基督教教義而非以信念的人——不是依照上帝自身的話語或證詞，而是根據那些僅只是來自歷史學家們的作品。因此，此處，我們首先須要認為一本呈現於我們面前的書是由野蠻和無知者所寫的，在一個比起現在更為蠻荒無知的時代，且可能是在撰寫事件發生後過了許久之後才寫的，沒有經由任何一致的證詞所證實，而且和那些所有國家對於自己起源的荒謬說明相似。閱讀這本書時，我們發現裡面的內容充滿神蹟和相關的奇事。

這給了關於一個過去存在於這世界和人類天性與現在完全不同的狀態，我們從那個狀態墜落，人類的壽命延長至近乎千年、洪水對世界的毀壞，任意選擇一個人作為上天的最愛——可能是這些作家們的同胞，以及把他們從想像的最令人驚訝的神蹟那些中拯救出來。

我請求你們捫心自問而且嚴肅的思考，說無論你對那本書中的謬誤，由像那樣的證詞所支持，將比所有它所敘述的奇蹟更加特別和神奇！這正是為何《妥拉經》依據我所規定出的可能性措施要被接受是必要的。（我所說的那些神蹟，都能全然被運用至預言上。確實，所有預言都是真實的神蹟，如果沒有超出人類本身能力來預告未來發生的事件，那麼我們很難把預言視爲一種神聖的使命，或者是作爲來自上天權威的證據。）

所以我們大體的結論應該是，基督教不是第一個伴隨著神蹟出現的宗教，而且即便是現在，也不能在缺乏神蹟的情況下，被任何具有理性的人所信仰。僅有的理由不足以使我們相信它們的眞實性，而且任何被這種信念所感動的人都同意這些神蹟推翻他所有理解的原則，以及使他決意相信那些違背習慣和經驗的東西。

## 【注釋】

①提洛森（John Tillotson）博士，一六三〇—一六九四年，新教牧師，以攻擊羅馬天主教聞名，後成為坎特柏利大主教。——譯者註

②神學中的一種理論，在聖餐禮的儀式獻上的餅和酒，本質上已經成為基督的身體及血液。——譯者註

③老加圖（Cato Marcus），前二三四—前一四九年，古羅馬政治家及教育家。——譯者註

④很明顯的，印度人不可能有水在嚴寒的冬天不結冰的這種經驗。這是將他放在一種未知的自然狀態下，而且他不可能在缺乏先驗知識下會具備這種知識。這是一種新的實驗，而結果經常是不確定的。一個人也許可以根據類比推測跟隨於後的事情，但仍然只不過是猜測。而以目前的這個例子來看，也必須承認使水變得非常冰冷與類比的原則對立，不是一位具有理性的印度人所預料到的事情。冷對於水的作用並非漸進式的，而是依據達到的程度而定，但無論何時，水一到達冰點便會立刻從液態流動物體轉變成完美的固態物體。像這樣的一件事情可以稱之為「特殊」，因此對於熱帶氣候的人們來說，他們需要強而有力的證據才能接受相信這樣一件事情。但這仍然不是什麼神蹟或與我們對自然運行經驗相反的事情，因為在所有的情況下大多是相同的。蘇門答臘的居民在自己居住的氣候下經常看到水呈現流動狀態，凍結的河川似乎對他們來說會是一件怪事，可是他們從未看過俄國在嚴寒冬天時後的河川，因此他們也沒有理由可以確信會有何種結果出現。——原註

⑤有時一個事件本身看起來並不與自然法則對立，然而即便它是真實發生，由於某種情境的關係，它仍可能因為與這些法則對立而被稱之為神蹟。例如，有個人聲稱他具有使病人痊癒、使健康的人死亡、使天空落下

傾盆大雨、使暴風開始狂吹的神力——簡言之，要是他能讓許多自然現象應他的要求立即發生，這通常會被合理的視爲神蹟，因爲它們的確是與自然法則衝突的。要是我們揣度事件是隨著命令而發生的，那麼也就沒有任何神蹟出現或是違背自然法則的情形。如果移除這種猜測的想法，那顯然就是神蹟和違背自然法則的事情；因爲最與自然衝突的便是一個人的聲音或命令竟然具有這樣的影響力。一個神蹟也許會被精準定義爲「違反神明特定行爲或是無形機制的自然法則」，一個神蹟也許被人發現或者無法，這與它的本性或本質並沒有任何區別。使一棟房子或船浮在空中，是一種看得到的神蹟；使羽毛騰空飄起，卻沒有足夠強度的風吹起時，它也是一種眞實的神蹟，儘管我們不怎麼看得出來。——原註

⑥ 狄摩西尼（Demosthenes），前三八四—前三二二年，古希臘雅典政治家、演說家。——譯者註

⑦ 亞歷山大（Alexander of Abonoteichos），約生於西元二世紀。——譯者註

⑧ 馬可．奧理略（Marcus Aurelius），一二一—一八〇年，羅馬帝國五賢帝最後的一位，斯多噶學派哲學家的代表之一。——譯者註

⑨ 琉善（Lucian），約一二〇—一八〇年，古羅馬時代的作家，無神論者。——譯者註

⑩ 李維（Livy），前五十九—西元十七年，古羅馬歷史學家。——譯者註

⑪ 普魯塔克（Plutarch），四十六—一二五年，希臘文學家，作品在文藝復興時期廣泛受到歡迎，作家蒙田對他推崇備至，莎士比亞的創作亦受其影響。——譯者註

⑫ 維斯帕先（Vespasian），九—七十九年，羅馬帝國弗拉維王朝的第一位皇帝。——譯者註

⑬ 塞拉皮斯（Serapis），由古希臘和埃及神祇綜合而來的神，托勒密統治時期創造的。——譯者註

⑭德米特里一世（Demetrius I），前三三七—前二八三年，是安提柯王朝的國王。——譯者註

⑮紅衣主教萊茲（Cardinal de Retz），一六一三—一六七九年，法國主教。——譯者註

⑯札拉哥沙（Zaragoza），位於西班牙東北部，亞拉岡自治區的首都。——譯者註

⑰弗朗索瓦·德·佩里斯（Francois de Paris），一六九〇—一七二七年，著名的楊森派人士，年輕早么，因受到宗教苦行而身體衰弱。他身體中的部分，例如指甲、頭髮、還有衣服，被視爲聖物展示時。——譯者註

⑱這本書由蒙特熱龍先生所撰，他是巴黎議會的參議或法官，一位良善行爲和性格的人，同樣也受到楊森主義的牽連，因爲撰寫本書而鋃鐺入獄。

另一本書爲《巴黎神父的神蹟概要》，共三冊，用很充分的討論解釋了許多所謂的神蹟。但是這些內容對於我們的救世主（上帝）以及神父的那些神蹟，以後者提供的證據和前者相同的方式——就好像人們的證詞，竟可以與指導代理人撰寫《聖經》的上帝本身平衡一樣，仍作出相當荒謬的比較。如果《聖經》的作者被僅視爲人類證詞，那麼這位法國作家對這兩組對象展現神蹟的敘述可以說是相當溫和，因爲他可以聲稱楊森主義派的神蹟比起《聖經》派來看，受到更加有力的證據和權威支持。以下是一些從上述提過的書籍中摘錄的眞實範例：

在巴黎的主教法院，紅衣主教諾瓦勒斯面前——一位以正直和能力的人備受稱讚之人，甚至從未受到反對者的挑戰。在他面前，許多巴黎神父的神蹟都被證實爲虛構。

他在大主教區的繼任者是楊森主義派的反對者，這也是他被法庭拔擢爲大主教的原因。儘管二十二位巴黎的主教強烈要求他對世上已知和無可爭辯的所有神蹟進行檢視，他仍明智的避免做這件事情。莫林那學派

（Molinist，十六世紀由耶穌會教室莫林那〔一五三五—一六〇〇年〕提出，主張以人類的自由意志調和神聖恩典，並提出上帝具有中間知識，以預測人們的未來）的人試圖以法蘭小姐的案例來質疑這些神蹟，但他們在很多地方都以相當不規則的方式進行，尤其只是摘錄一小部分楊森主義者的證人的說詞，甚至還篡改過。

除了這些之外，他們也很快發現自己被高達一百二十多人的新證人和他們的證詞淹沒，這些證人大多來自巴黎，具有信用、生活富裕的人，他們誓言這些神蹟都是眞實。

對於議會而言，同時也伴隨著一股神聖和認眞的呼籲，但議會禁止涉入這件事情。最終仍可看到當人們受到激情和熱情強烈影響時，任何程度的人類證詞——像你希望的一樣有力——可以獲得極高的荒謬；而且以那種方式檢查這些事件的人相當愚蠢，他們在這些證詞中尋找特定破綻，幾乎非常確信會被混淆。這會是一場可悲的誆騙，他們也絕對無法獲勝！

任何當時居住在法國的人們都會認識埃羅先生，一位因具有警覺心、敏銳、活躍和富有智慧而聲名大噪的警察中尉。這位執法警官原本的職務已賦予了近乎絕對的權力，爲了檢驗這些神蹟，又被授權更加完整的權力以鎭壓或質疑相關內容，因此他經常盤問曾見過這些案例對象的民眾，但他依然無法找到任何令人滿意的內容。

蒂博小姐的案例中，他指派知名的德西瓦爾查驗。他的證據相當有趣，這位醫生說她不可能像那些證人說的不健康，因爲在他找到她之前的那一小段時間內，她不可能就復原得如此健康。他從自然因素做出合理推斷，但反對者告訴他這整個案例都是神蹟，而他的證據就是最好的證明。這使莫林那主義者陷入一種可悲的兩難。他們不敢宣稱人們的證詞絕對無法充分證實神蹟的眞實性。他們有必要向外說明這些神蹟都是由女巫和惡魔帶來，但是卻又被告知這是過去猶太人經常訴諸於證明神蹟存在的例子。

楊森主義者則對於神蹟在受到國王命令下關閉教堂停止出現這件事，沒有遇上什麼解釋的困擾。他們維持著以下看法，這是碰觸墳墓而產生的額外結果，而且能夠預期，當沒有人碰觸墳墓時，不會出現任何結果。但是他所做的事和施予的恩惠都是他個人的事情，我們無法替它們解釋。當公羊的號角響起，他並沒有像耶利哥之牆（Jericho，約旦古城，四周環繞堅固的城牆。根據《舊約聖經》的記載，以色列人環繞這座城市七天後高吹號角，城牆應聲倒塌）那樣將使每座都市的城牆被摧毀，或是他在聖保羅做的一樣，將每座關著使徒的監獄打破。

沒有人能比沙蒂永公爵——一位最高等級和家世背景的法國貴族，更加證明了一件奇蹟般痊癒的事情更爲神奇的，這件事發生在數年來待在他家的某位身體羸弱的僕人身上。

我只想再補充一點，沒有任何神父能比法國神父的刻苦生活和禮節更受到眾人讚揚的，尤其是巴黎的校長和神父，他們證實了這些騙局。

這些富有學識、聰慧和誠實的紳士以及簡樸的皇家港教派修女們，在整個歐洲都受到眾人崇敬，儘管他們都對發生在知名的帕斯卡（Pascal，以純粹簡樸的生活和超凡的能力聞名）的姪女身上的神蹟做了認證。同樣也十分著名的拉辛，在他廣爲人知的皇家港歷史中說明了這一個神蹟，而且在來自各地的修女、神父、醫生和所有那些具有不會令人懷疑的信用之人的支持下，更加深了這一個神蹟的眞實性。有一些知識分子，特別是圖爾奈的主教對這一神蹟相當具有把握，並以此用來與反對無神論者和自由思想者。法國攝政女王，對皇家港教派極度帶有偏見，命令她自己的醫生前去檢驗這個神蹟，他卻回報了全然對於神蹟相信的轉換態度。簡單來說，這種超越自然的治療方式相當不容置喙，以至於它在那段時間將那座知名的修道院從耶穌會教士威脅下的毀壞解救出來。要是它是一場欺騙，肯定會被那樣睿智和有力的敵人察覺，而且會加速那些發現他的那些人的破壞。我們的那些神職人員，他們以低劣的材料建造起一座堅不可摧的城堡——他們竟能從這些及其他許多我未曾提及的情況下建立起這麼巨大的建築！帕斯卡、拉辛、阿諾德、尼克爾等這些偉人的名字會多常在我們耳邊響起啊！但他們要是採用這些神蹟會比他們所有的收藏來得好上一千倍。除此之外，這也會替他們的目標提供很好的服務。因為神蹟是真的由碰觸組成聖冠的神聖荊棘上的神聖棘刺表現，諸如此類。——原註

⑲《新工具論》，第二章，第二十九節。——譯者註

# 第十一章　關於神的旨意與來世

近期我與一位愛好懷疑主義論點的朋友談論，他提出許多雖然我無法接受，卻相當有趣的原則，而且與本書提出的理論環環相扣。所以這裡我應該竭盡所能的將那些討論內容精確的從記憶中復述出來，呈現給讀者們判斷。

起初我跟他在談論時，我就相當羨慕哲學有特別好的運氣，因爲哲學需要的是完全的自由性，凌駕於其他任何的特殊權利之上。哲學之所以能興盛，大概是因爲不同的意見和觀點可以自由的互相辯駁。哲學剛開始便出現在一個自由和寬容的時代和國家，無論多麼狂妄無理的論點，也不受任何信念、教條或刑事罰則所拘束，能自由的順暢發展。以古希臘來看，那個時代談論哲學的人非常的多。當中只有普羅達哥拉斯[1]曾被放逐過，而蘇格拉底[2]被處死，但蘇格拉底之所以會死，是因爲其他動機的關係。除了這兩件事外，在古代歷史之中很少發生像現在哲學家會犯的這種頑固的妒忌他人的執迷。古希臘哲學家，如伊比鳩魯，[3]他居住在雅典而且安穩的生活到終老。伊比鳩魯派的哲學家，甚至還能成爲國家舉行國教典禮上的祭司，在祭壇前主持儀式。那個時代，公務部門更有卹俸、薪資的制度，用以表示對他們的鼓勵。當時最有智慧的羅馬皇帝，更是對他們一視同仁，不論是哪個哲學派別，都能受到這種優待禮遇。我們看看現在，試著反思，雖然現在的哲學已發展得十分成熟、更耐勞苦，但也還不能抵抗四季嚴酷的氣候變化和狂妄吹襲的暴風。

我的朋友回應：「你羨慕當時的哲學受到重視是件很幸運的事，這看來應是自然運行的結果，它是無論在哪個時代和國家都會出現的情況。你議論的內容，關於頑固的執拗對哲學的致命傷害，其實都是來自於哲學的延伸。這個延伸既然和迷信聯結在一起，就完全由外與它的始祖哲學分離，成爲仇視哲學的仇敵和追趕者。理論神學（theoretical theology）的教條，是造成現今激烈爭辯發生的原因。在世界形成的較早時代，人們絕對無法想像出來或是承認這些教條，因爲當時人們還處於文盲的狀態，所以建立宗教的概念是較爲適合這時薄弱理解力的方式；而且要形成那些宗教的神聖教條，不太須要透過精細的理論，而是主要來自於傳統信仰的故事，而非爭論和辯駁。等到哲學家的新興悖論（違背教義的那些）出現，而且進行首次的警告之後，像這樣的多數哲學家身處古代時，似乎還能與已經形成的迷信之學彼此保持距離，相安無事；而且和他們的迷信暫且將人們區別爲兩類，哲學吸引了具學問和智慧的人，迷信則是拉攏了粗俗和不識字的人。」

我這麼說：「依據你的說法，似乎是完全撇開政治不討論。絕對不會假設說，一位聰明的官員，能正當的反對某種哲學中的主義或學說，像是伊比鳩魯主張的內容。伊比鳩魯的哲學家不承認神明的存在，也不承認有天意和來世，因爲這之中似乎多少消除了道德哲學的約束。像這樣，就可以認爲是對人類文明有害。」

我的朋友回答我說：「我原本就知道，無論是在任何時代，這種驅逐迫害的行爲絕不是來自縝密細膩的推理或理性，也不是因爲經歷過哲學導致的禍害而來，而是完全來自於激情和成見。因此暫容我進一步斷言，假如使伊比鳩魯站在群眾面前，被現在的任何一個告密者或愛好搬弄是非的人告發，伊比鳩魯能輕易替自己和他的主張辯護，並且證實他提出的哲學宗旨跟他的反對者提出的學說，同樣都對社會有益。雖然那些反對者熱切把他暴露在世人的憎惡與忌妒面前，我這種看法，你又怎麼看呢？」

我回答：「如果是這樣，請嘗試用你雄辯的口才對以下這樣一個題目發表演說，替伊比鳩魯辯護吧！雖然你的演說也許不能讓雅典的暴徒感到滿意，（假設你承認像這樣一個高度文明的城市也是有一些愚昧無知的人），但卻能使其中較有知識的人們，能夠理解伊比鳩魯哲學理論的那些人感到滿意。」

我的朋友回答：「這件事並不是很難。假如這樣能使你高興的話，我便假設我就是伊比鳩魯，你則是雅典時代的人們，我將對你發表滔滔不絕的言論。雅典民眾會使這個空瓶中裝滿白色豆子，而不會參雜任何一粒黑豆使那些反對我的人感到暢快。」

我回答：「好啊，就依你的假設進行。」

（我的朋友於是開始進行以下演說。）

* * *

唉，你們這些雅典人站到我面前來，我這是要當著你們的面前，證明我學派的主張是正確的，但在此我發現，我並不是和那些平和冷靜的詰問者討論，反倒是受到凶暴狂怒的反對者所質疑。你們這些人聚在一起議論，本來應該是要討論關於公益問題以及國家利益的內容，卻改了方向討論像這樣看起來華麗卻沒什麼作用的思辯哲學。這些華而不實且毫無作用的內容，取代了你們較爲熟悉的有用的正當事物，所以我只能竭盡自己的能力阻止你們誤用它。在這裡，我們並不是要辯論世界的起源和政策之事，我只探討和公共利益有關的問題。如果我能使你們信服，相信這樣的問題完全與社會治安和政治的穩固關係毫無相關，我希望你們能立刻將我送回學校，在閒暇之餘，考察所有哲學當中最高深又最需要進行思考辯論的問題。

宗教哲學家對你們祖先的傳說和教士的教條（我甘願接受這種說法）感到不甚滿意，因此放縱於他們莽撞的好奇心，嘗試看能走得多遠，在理性的諸多原理之上建立起宗教。至於到何種程度，他們是否能讓人感到滿意，或是甚而反而使人激動疑惑。凡是勤勞跟仔細研究討論到這種地步的人，自然會產生疑惑。他們用最華麗的顏色把宇宙的秩序、美妙和智慧的安排描繪出來，並且發問像這樣的理智（intelligence）的光輝體現是否是一種能發生在多數原子的偶然遇合，或假如偶然能產生世界上最天才的人也會讚嘆不已的某件事物。我現在不打算考察這種理論是不是正當。我將就此承認，它是我的那些反對者和控訴者足以用來攻擊我的結實理論。我想要證實，這個問題完全是思辨性的，而且當我在哲學討論之中否認關於神的旨意和來世的主張，並不會陷害社會的基礎，反而是推進穩固的主義或令人滿意的原則——我的控訴者和反對者他們自己會承認這是出於他們的論點。我要是能這樣證明，就也已經很足夠了。

你們這些控訴我的人，曾經承認最重要或是唯一的理論是證明有一位天神的存在（這點我絕對不會質疑）是依據自然秩序得來。因爲在自然秩序中，理智及規劃的特徵，足以讓你們將原因歸咎於偶然或盲目沒有見地，以及沒有指揮的力量，因此會相當狂妄。你們承認，這是一個由結果推論至原因的論點。從工匠成品的次序來看，你們推論在工匠的心中，一定是先經過規劃和預想要做什麼。但假如你們無法證明有這種過程，你們就應當承認這個結論並不成功。而且你們並不聲稱要使它超過自然現象之外，在更大範圍的領域建立像這樣的這個結論都是你們作出的讓步，我現在請你們看看這樣的結果。

當我們從結果推得任何一物的原因時，我們一定要界定因果的比例，而且除了那些確切產生結果的屬性之外，不能將任何其他的屬性歸就於原因。現在用天秤乘載重物來證明，例如有一個物體A，重量爲十盎司，並放置在天秤的其中一端，另一端則放置著重量不同的另一物B，於是A升起而B下降，這證明B的重量超過十盎司，但絕不會有一個理由會說B超過一百盎司。假如任何結果的原因，不足以產生這樣的結果，我們必定要拋棄這個原因，或者把這個原因增加一些屬性，以恰當的比例歸因於這個結果。要是我們加上更多的屬性，或是斷言它能產生更多的其他結果，我們就只是隨便自由亂猜而已，而任意假定具有多數的屬性跟多數的能力，這就是毫無理由和依據。

無論我們所指的原因是野蠻、無意識的物質，又或者是理智、有智慧的內容；同一規則都是可以通行的。假如這個原因只能單憑結果而得知，我們絕不應該將其他超出產生這個結果的必要以外的屬性，都歸因於這個原因。而且任何經由公正推理的規則，也不能從這個原因折返回去，從這個結果推理出其他結果。要是只見到宙克西斯④的眾多畫作之一，那麼沒有人能知道他其實不僅是一位畫家，更是雕刻家或建築師，也是藝術家。他不只專精於雕刻而且精於塗色。在我們面前呈現的這件特殊作品，我們可以推論得知這位創作者具有才能和對美的品味。原因必定要與結果成比例，我們要是能謹嚴確定因果的比例，那麼就絕不能在原因中知道除了這個以外的其他性質，或者讓我們用推論出屬於任何這位創作者的其他屬性的設計或工作，因為像這樣以外的屬性，必然是超過於我們考察這個結果時所需要產生的某種東西。

所以，既然承認諸神是萬物和宇宙秩序的主宰，那麼也就要承認諸神在他們造物的時候，依據不同程度表現出來的能力、智慧以及仁慈。然而除非借助誇張和諂媚的理論，甚至是未經充分推理的理論之外，絕對無法有更進一步的證實。我們僅能以現在諸神所表現的任何屬性的蹤跡為限，以此做個結論，在這個限制的範圍內斷定這些多數屬性的存在，要是猜測還有其他屬性存在，那麼也不過是臆測或假設而已。至於要是猜測在遙遠的空間或是時間的時候，其間已有或將有像這樣的屬性表現或鋪陳得更為壯麗，以及有一種更適合施行於這樣想像出來的美德管理，更尤其只是猜測的言論而已。我們絕不會允許由作為結果的宇宙上升至超過作為原因的木星，然後又以此往下，用它推論出任何新的結果，一如我們此時已知的結果，好像還無法完全與這位我們歸因於來自神明的光榮屬性互相匹配一樣。我們對原因的知識，完全是從結果而來，所以因果之間必定要能完全相稱。因此這個原因或結果，就絕對不能屬於這之外的任何事物，也不能成爲任何新推論和新結論的基礎。

你們在自然中看見某種現象。你們想找出這個現象的主宰或是一種原因，你們想像已經找到了他。然後你們愛上了這位自己腦海中產生出的天之驕子，你們認爲除了這位，世界上絕對沒有比他更偉大、更美麗的事物存在。現在的這個世界充滿疾病、邪惡以及紛亂，你們則完全忘記這種高超、智慧以及仁慈的概念，完全是來自於想像，或者至少在人類理性中毫無根據。而且你們也沒有理由把任何其他的屬性附加這位天之驕子身上，只有你們在他的作品中看見的那些曾經實際出力和表現出來的屬性，除此之外別無其他。所以各位哲學家們，讓你們的諸神安於自然的現況展現出來的樣貌吧！千萬不要因爲自己隨意任性的假設，而更改了這些現象，使這些現象勉強遷就於你們像這樣樂於委身於你們神明的那些諸多屬性。

雅典人們！當受到你們權威支持的傳教士及詩人談論到黃金世界或白銀般的世界時（指的是如今罪惡和苦痛世界之前的美好時代），我就好好的、專注的聽清楚了。但是當哲學家——自以爲否認權威而培育理性的那些人，有天也做出相同的議論，我則承認我的態度沒有相同的順從和恭敬了。當他們貿然的斷言諸神已經開始實行或即將執行任何已經實施的規劃時，我便詢問各位哲學家：究竟是誰帶著他們進入天堂？誰允許他們進入諸神的會議？誰打開了命運之書任人閱覽？要是各位哲學家回答我，是從理性的階梯逐步向上推論，說從結果推論至原因，我就仍要堅持我的看法，認爲各位哲學家是借助於想像力的翅膀幫助理性上升的，否則這些哲學家不能像這樣改變推論的方式，並且從原因推論至結果，而且假設一種比當今世界更爲完美的事物，才能更爲適合諸神這樣的完美存在，並忘記了他們沒有任何理由將任何完美、或是任何在現實世界都找不到的任何屬性，託付給諸多的神明。

因此我們耗用種種的勤奮努力，用來解釋自然的所有不良的現象，想要替諸神保全祂的顏面者，都是徒勞無功。同時我們也必須要承認這個世界存在著罪惡還有紛亂無序。哲學家告訴我們，物質的頑固以及不聽命令的屬性，或物質之所以遵守普遍法則或是其他類似的理由，就是唯一的原因，因爲它們限制了朱庇特（木星）的權力及仁慈，所以強逼祂創造出像這般不完美和不快樂的人類和具有情感的生物。由此看來，這些屬性似乎是在最廣的範圍當中被預先承認了。按照這個假設的說法，我可以承認或許這的確可以合理作爲這個不良現象的解釋。但我仍然要質問：爲何這些諸多的屬性是不證自明的？或者說爲什麼用任何其他不是眞實在結果上所發現的其他屬性，附加在這個原因之上呢？爲何要勞累我們的心神臆測這些就是根據，而用以證明自然的運行呢？而且你們怎麼不知道，像這樣的猜測，難道不是完全出自於想像，而且在自然的運行過程毫無跡象可循呢？

所以這種宗教的假說，必定只能作爲用來解說宇宙現象的一種特別方法。只是絕對沒有一位明智的推理家，敢用這種方式推論至單一種事實，而且在這特定情況下改變或增加現象。假如你們認爲事物的表象，證明了它們具有類似這樣的原因，那麼你就可以得知關於這種原因存在的推論是合理。在如此繁複及高超主題之中，每個人都應當擁有恣意猜測及推論的自由。然而你們應當在到達這個境界的時候停止。假如你們轉折回來，從你們推論出的諸多原因談論理論，說在自然之中，曾經有任何事物，或將有任何其他事物可以作爲一種更爲充分表現特別屬性的，我就必定要訓誡你們，你們已經離開這個推理的方法而附著在眼前的主題，而且告訴你們其實已經把其他事物的屬性加在原因上，他們表現的已經超過這個結果之外。不然你們絕對不可能用寬恕的意識或公正的心，而加在任何某種事物於這個效果之上，使它具有較多原因的價值。

我現在姑且問你們：我在我的學校教授的學問，或在我的花園之中所考察的學說，有哪裡不名譽或令人討厭的地方呢？在這個全部的問題中，你們可曾看到有任何一處不利於良好道德的保護，或不利於社會治安的內容嗎？

你們指控我不承認這世界上有一上天的旨意，涉及治理這世界的最高指導人來引領進行。而且以糟糕的名聲和失望來懲罰邪惡的人，用美名和成功獎賞那些良善的人。我的確不否認事體進行的自身，這是人人都能研究考察而得知的。在事物現在的秩序中，我承認德比惡伴隨著較多的心安，而且也較受到世人歡迎。按照人類以往的經驗來看，我便認爲友誼是人生中第一歡樂的事，中庸則是幸福安泰的唯一來源。我向來不稱量人生的善惡行爲，然而我能知道從向善的心來看，每一種利益都是出於善的行爲。現在承認所有你們的猜測及推理，你們還能有什麼說法嗎？你們確實曾告訴過我：用這種傾向應付所有事物，原本是出自於知性和規劃。但無論是從任何事物發生，這個傾向的本身（我們歡樂或愁苦所依賴的東西），以及由此而生的我們的行爲舉動，仍然也是一樣。我仍然可以（你們也是）用我以往的經驗，調整我的行爲。而且你們所說承認有一位神聖的上天，以及在宇宙之內有一個至高無上分配（也作周延）的公道（也稱作正義），我就應該期望祂會賞賜更多給那些良善的人，而給那些惡人更多的懲罰，依照事件的常理進行。只有我看見像這樣相通的假道理，這是我在前文所曾經試圖揭露的內容。你們大力的操持你們的想像力，說要是我們承認有這樣神聖（也就是你們所熱烈支持的），你們可以安然從此推得效果，而且用你們加於精神屬性上的理論依據，加諸某種事物於你們所經歷過的自然秩序上。你們似乎已經沒有對於這件事全部的記憶。你們的推理，只能從效果到原因推論，而且也不會記得它是從原因到效果之外所抽取而來的每一種理論，因此必然是一種粗俗的詭辯。因爲你們絕對不知道任何事物的原因，你們知道的只是以前充分揭露在效果之中的那些，而不是根據推論而得的內容。

世界上有虛浮的推理家，不用現在的事物作爲它思考的唯一對象，反而顚倒自然的全局來進行，而且認爲當代不過是一種過路，以達到他的前方道路。當代就好像一座走廊，引入較爲宏偉而且非常不同的大宅，又好像是戲劇的開場，逐漸將人引入更爲賞心悅目、更爲正當的演出當中。從一位哲學家來看，又該當作什麼樣的思想？我現在問你們，你們這樣的哲學家，究竟是從那裡獲得諸神的觀念？不過都只是從自己以爲的和想像得來的。因爲假設他們的觀念是從當今的現象而來，這個觀念絕不會指出任何更近於當代的事，必然是用這個觀念，湊合於現象。神聖可以有受得屬性的可能，而像這樣的屬性，是我們從頭到尾都沒見過的。神聖也可以有被行爲宗旨所節制的內容，而我們又不能揭露像這樣與宗旨符合的內容（與宗旨滿意的人）。在這兩節中，我們會自由承認，然而仍不過只是可能性和猜測而已。我們絕不能有理由去推論而得出在神人之中的任何屬性，或任何行爲的宗旨，我們只能知道它已經施行並且已經符合了。

我現在又問，世界上確實有一種（周延）分配的正義嗎？你們的答案若是有，我就得出結論說，因爲實行正義，正義就得到實現。若你們的答案是沒有正義存在，我的結論是你們並沒有理由，說神人有正義（這兩個字是依照我們的意義來說）。假如你們拿著一個居間的學說，認爲介於肯定和否定之間，說這時候諸神的正義，只施行部分並未施行所有範圍，我就回答你們說，你們毫無理由，說有任何特別廣度，你們則有理由說在現在能看到已經施行了。

唉！各位雅典人，我就是這麼駁斥那些反對我的人的，讓他們無法再跟我辯論下去。自然的進行是任由我們所思考，且任由他人所思考的。人類所賴以調整我們行爲的，就是以我們經驗過的一連串事件爲標準，此外不論是元老院，或者是在野外，都沒有任何事物可以作爲我們判斷的標準。且無論是在學校，或是在密室之中，只能說經驗而不應說到其他事物。這件事的範圍原本就過於狹窄，不足以使我們的驕縱想像有用武之地。我們具備限制性的理性，雖然想要逃出這個限制範圍之外但卻無法做到。當我們用自然的進程進行論證，因此推得一種特別有知性的原因，這個原因首先給了宇宙秩序，而且仍然保全於這個秩序。我們這樣的推論，就是抱持著一種無定及無用的宗旨（原理）。我說它無定，是因爲這個主題完全超出於人類經驗所及之外；我說它無用，因爲我們關於這個原因的知識，是完全從自然進行而得。按照公正推理的規則，我們絕不能從原因反推而得出任何新的結論，也不能回頭而有所添加於平常及經驗過的自然進行之上，發明行爲動作的任何新宗旨。

＊＊＊

我跟我的朋友說：你並沒有忽略古代民眾黨派首領的絕妙方法，在我代表雅典民眾之後，你則已經用到我常常表現出特別喜愛的原則，巧妙的迎合我。你用經驗作爲我們關於此事，以及其他全數的事實問題我們判斷的唯一標準（我誠然認爲你應當像這樣），我則承認，只有從你所求助的同一經驗，我就不會質疑它可以駁倒你所作爲伊比鳩魯口氣的推理，例如你若看見施工到一半的建築，四周堆有磚石及石灰，和工匠所用的器具，你能不能從這樣的結果推論，這原本是一個有規劃、有設計的建築工作呢？而且你們不能從此推得的原因，再回過頭去推論它所加於這個結果的新工作嗎？難道你能不結論說這座建築不久就將完工，它將用一切可用的技術進一步加以完善嗎？你要是到海灘走走，看到腳印，你當然會做出有一個人曾經在這裡走過的結論，而且說這人也曾在其他的海灘留下足跡，不過這個足跡可能被沙灘或海水上漲而沖刷了。你們為何對自然的秩序，就不肯承認是來自於同一方法的推理而來的呢？你們試著想想，這世界與我們的世界，不過就只是一座不甚完美的建築。從這裡你就能推論出一椿高等知性的理論，又從這椿高等知性的理論推論這樣的知性，這是不能讓事物無法達到完美的，你爲何不能推論一個較爲完備規劃的將來，在較遠的地方或較遠的時間得到完備性？難道這樣的推理方法，並不是眞的十分相似嗎？你難道是用什麼藉口，抱守其中一個而拋棄其他的嗎？

我的朋友回答：事物的無限差異各不相同，就是我所做的結論不同，但是都有充足理由的基礎。在人類的技藝與發明中，原本是可以從結果而前進至原因，而且從原因折返回推，以成就結果的推論，而且研究當中的可能經歷或或仍然在經歷中之多數改變。但是這種推理方法，究竟是用何物來做爲基礎呢？這個基礎顯然是從人的經驗而來。人類本來是一種熟知動機和規劃的生物。我們的計畫以及性向，兩者之間具有某種聯絡跟附著，都遵守自然法則而成立，以用來節制像這樣一件物品的法則。所以我們看到任何一個作品出自於人類巧妙的手藝和工作而來的，因爲我們從其他事情得知了人類的本性，關於這樣的情形就能抽得一百種推論加以預料到它即將發生的事情，而這樣多數的推論，都是從經驗和觀察而來的。假使只從我們所考察到的單獨一件事情的運作或產生來認識這個人，我們絕對無法用這種方式來討論理論。因爲我們所加在這人身上的知識，既然是從此產生而來，就不能藉此來指示其他的事情，或是不能作爲任何新理論的推論依據。用沙灘上的足跡爲比喻，假設我們只考慮這個足跡，那麼這個足跡只能用來證實以前有適合這個腳印形狀的人的這項前提，所以才會產生這個腳印，因爲是人的腳印，所以根據我們的其他經驗，就會證實勢必存在著一雙腳。而這對足跡留下的印象，雖然會隨著時間或被其他偶然出現的事情淹沒，但是有這麼一雙腳存在過是無庸置疑的。用這件事來看，我們是從果推因，再從原因往下而推論在結果中出現變化。但這同爲一串推理，我們在此事件中，實際上便包括了關於這種動物的平常身軀的上百種其他經驗和觀察。要是沒有這種理論的方法，一定要考慮這個理論是否是虛假或只是強辯。

從自然運作的情況來看，我們的推理方式則不同，我們只因爲神的出現才知道神，而且神是宇宙間一個單獨且無以跟其他事物匹敵的，並不包含在任何種類之內。我們則無法從經驗中獲得這種類的屬性，用類比推得這位神的任何屬性。因宇宙表現出智慧和善，我們也就推論而獲得智慧和善的概念。宇宙表現出一種特別等級的智慧和善，確實十分適合我們所考察而來的結果。然而我們不管用任何公正推理的方式，也絕對不能有任何法力，以推理或猜測進一步的屬性，或再更高等級的相同屬性。既沒有像這樣允許我們猜測，我們就絕對無法用原因當作依據，或許也絕不能在效果中，推理而得到其他任何超出於我們直覺能在觀察之下所發現的改變。這位神所產生的更大的善，必然證實了這世上有一種更高程度的善，以一種無偏私的公正分配賞罰的方式，必定是從更看重公道和公平而來。我們對自然運作的情況多一分猜測，就是增加一種自然所主宰的屬性。既完全不是爲了要替任何推理或理論支持，所以只能承認不過是猜測或臆說⑤罷了。

用這個主題來看，我們的錯誤跟隨意亂用、沒有限制許可的猜測的重要來源，就是我們擅自以上帝的地位和觀點所造成的結論，我們說無論何時，上帝都將奉行相同的行爲來處理我們認爲的，把這些行爲當作合理可行的行爲。但是除此之外，自然的通常運作，也可以使我們相信，幾乎沒有一件事物不是用跟我們極其不同的多數宗旨和格言所調整的。我說除此之外，我們用人類意向和規劃，猜測那些絕對與人類不相同的，而又像這樣高過人類上帝之心，必定顯然表示它和類比的全數規則相反。在人性中，原本具有一個某種定論的經驗與所獲得的規劃跟傾向相互附著的。我們從任何一件事而揭露出任何人的一種意象時，就會用一長串的多數結論關於這個人的過去做出的行爲，還有未來的行爲。只是這種推理方法・絕不能適用與人類這麼距離很遠，又和人類無法通盤理解的崇高的神。這位神明絕對無法與跟宇宙間任何其他一物相比，也就像太陽不能拿來跟蠟燭比一樣。而且這位神明揭露自身，只揭露部分黯淡的地方或是大概而已。除此之外，我們並沒有任何理由，對祂加上任何屬性或任何盡善盡美的地方。我們所想像出來的一種具完備的美德，其實可以說是一種缺點。即假如使它是一種極其完美，附加在至高無上的神明身上，那個神明在祂的工作之中並未完全展開祂的完備美德。那麼我們把完備的美德加之於神明身上這樣的行爲，是恭維諂媚的意思比較多，運用公正的推理和穩固踏實的哲學則比較少。所以世界上所有的哲學和所有宗教（宗教也是哲學的一種），也絕對無法超出帶領我們超越經驗的一般進行理論。從宗教的臆測理論，絕對無法推得新的事實，也不能預見任何事實，也不能預料到我恐懼賞賜或刑罰會超出習慣和已知的觀察之外。所以我爲伊比鳩魯辯論而提出的理論，仍然是穩固且讓人滿意的內容，而且社會政治的利害、與哲學辯駁關於形而上學和宗教之間並無關係。

我則回答說：其中仍然有一個地方似乎是我們忽略的，我雖然贊同你提出的前提，我卻必定要否認你的結論，你說宗教的學理跟推理，不能影響到與人生相關的，因爲它不應當如此。而且你並沒有把眾人的推理與你的推理不同考慮進去，眾人因相信有一位崇高的神明，所以獲得許多的結論，而且猜測這位神明將懲罰邪惡獎賞良善，這是超過自然平常的運作所發現之外的事情，眾人關於這樣的推理是否公正，原本就沒有關係。它的潛力是否與生活和行爲相關，必然也是一樣。而且要是有人嘗試要替群眾破除像這樣的成見，我怎麼會知道它不是一位好的推理家，然而我也不能承認他是一位好國民，認爲他是一位好的政治家，因爲他替眾人解除禁制他的激情的其中一種束縛，而從另一方面來看，也使眾人容易和安於侵犯社會的法律。

總而言之，我或許可以與你高估自由的一般結論表示同意，只是你的結論，是根據於你所嘗試的不同的多數前提而來的。我認爲一個國家原本應當兼容哲學的各個學派。而且世界上從來沒有過任何一政府，因爲有這樣兼容並蓄的情況，而受到任何政治上的損害。在哲學家之中，並沒有熱心的哲學家，而且他的學說也不是很能鼓動群眾，所以不宜多加限制跟束縛在哲學家的推理之中。但是其中也有普通人所更加關心及與具有關係的那些地方，預先開啓迫害跟壓制，因此必定會危及科學和國家的，那又另當別論。

我又告訴這位朋友：關於你的重要談論，我看到好像有一個缺失。我對你提出來但不追究。不然就會將你的理論導入太過精細的推理。簡而言之：我非常懷疑是否只是從原因的結果推論知道原因的可能（這是你一向猜想的），抑或像這樣單獨和特別的一種本性，與任何其他的原因，或曾經觀察到的事物，毫無平行跟相似的地方。我們看見這兩種事物是永恆相連的。然後能從這裡推理至另一邊，且假使能發現一個結果，是完全單獨存在的，而且不能包括於任何已知的理論之內，我就不知道爲何人們能知道關於這個結果的原因，或造成任何一種猜測或推論。假如經驗和觀察相似，這實在是我們在這類推理能合理遵守的唯一指示，那麼結果和原因，必定跟其他的結果和原因有一種相似和相仿。像這樣的，在許多的事例中，是我們已知、已看到它們永遠相連的。我現在交付這個原理給你，任憑你自己反省和追蹤這個原理的結果。我還有一句話要奉告，因爲伊比鳩魯的反對者，經常猜測這個宇宙（這是一個非常單獨，又沒有相平行對象的結果），所以有一位神明的證實，而這位神明又是一個相當孤獨，又沒有與祂平行的原因。你依據這種推測而提出的理論，至少也似乎值得我們注意。我則承認這之中多少有些難處，我們如何從原因折返回結果的推論，且從我們原因的觀念，又如何推論有任何改變或任何附加於上的結果。

## 【注釋】

① 普羅達哥拉斯（Protagoras），前四九〇—四二〇年，古希臘哲學家。——譯者註

② 蘇格拉底（Socrates），前四七〇—前三九九年，古希臘哲學家，和其追隨者柏拉圖及柏拉圖的學生亞里斯多德被並稱爲希臘三賢。——譯者註

③ 伊比鳩魯（Epicurus），前三四一—前二七〇年，古希臘哲學家、伊比鳩魯學派的創始人。——譯者註

④ 宙克西斯（Zeuxis），前五世紀左右，古希臘畫家。——譯者註

⑤ 我想大概可以建立一條格言：如果原因僅僅因爲它的特殊結果而爲人所知，必定不能從這個原因推論出任何新的結果。因爲用來產生新結果和特別結果的多數屬性，比起只是產生該節來說，也許會產生必然是不同的，或必然更爲高級，或必然是運作範圍更廣的結果。我們原本只是從這個結果猜測我們所知道的內容，所以我們絕無任何理由猜測那些屬性。要是說這多數的新結果，只是出自於連接於原先結果繼續運作的同一個力量（這個力量是我們從多數的第一結果得知），也無法免除這樣的困難。因爲即使承認有這樣一件事（很少這麼假設），我則會說這種在不同地點和時間施行一種相似能力，本來就是一種十分武斷的假設。而且在這多數結果之中（我們原先得來的關於原因的全部知識，就是來自於這多數的結果）絕對找不到任何蹤影。現在用推得的原因和已知的結果做確切比例（這是當然的），那麼這個原因，絕對不能有多數任何屬性是我們能從它推得多數新結果或不同結果的。——原註

# 第十二章　關於懷疑主義哲學

# 第一部分

哲學論點證實了神的存在，而且比起其他任何主題，更多的是駁斥那些無神論者（atheist）的謬論。儘管多數的宗教哲學家仍然反對任何盲目成為無神論者的人。我們應該如何調和這樣的矛盾？那些遊歷四方、意圖清除世上所有惡龍和巨人的騎士們，絕不會懷疑這世界上無任何怪物存在。

懷疑主義者是宗教信仰的另一位敵人，他很輕易的就激起所有宗教機構和一些肅穆的哲學家們的怒火，然而沒有人曾遇過像那樣荒誕的人，或跟一位對任何實際面或理論上的主題都缺乏見解的人談論過。因此一個問題就自然而然產生了：什麼是懷疑主義者？他們對於懷疑和不確定性的哲學原則，又能推論到多麼深入的程度？

笛卡兒和其他哲學家強烈建議，有一種懷疑主義應比其他哲學或任何研究優先實踐。他們這麼說，這種懷疑主義使我們避免犯錯跟作出粗略判斷。它建議我們不應只是質疑我們先前固有的看法和原則，而是應當懷疑我們所有的各種官能（faculty）。這些哲學家們說，我們這些官能的可靠性，必定是我們經由推理環節而得到確認的內容，這些從第一原則①而來的理論絕不可能有謬誤或是欺騙，但是這種具有權威、不證自明和充滿說服力又超越其他原則的第一原則，是不存在的。而且即使有這麼一個原則存在，我們除了使用那些我們原本就懷疑的官能以外，沒有其他方法能再更進一步推理。笛卡兒因此這麼懷疑，要是有人可以達成（顯然沒有人能）這種方式，也將會是無藥可救的，而且沒有推理能使我們對任何命題達到相當確信的程度。

然而，這種更爲溫和的懷疑主義也許可說是相當合理，而且是哲學研究的必要準備，它使我們對自己的判斷公正無私，而且使我們的心靈斷離那些可能是在不經意或是接受教育時產生的偏見。當我們以清楚和不言而喻的原則開始，小心謹慎的向前，對每一步驟都跨出安全的一步，反覆檢查我們的結論，而且審慎的檢查它們帶來的結果，或許我們前進緩慢，而且無法走得太遠，但唯有用這種方法，我們才能具有希望建立確認爲眞而且能維持下去的結論。

另一種懷疑主義是從科學研究而來，它假設人類心智能力要麼是絕對的，要麼或是沒有能力對他們通常使用的那些令人費解的主題得出固定結論。即使我們的感覺被特定學派的哲學家質疑，而且日常生活的準則，也和那些最深層的形而上學以及神學的原則一樣，同樣受到他們所質疑。當部分哲學家試著駁斥這些原則的時候，有些哲學家則接受這些矛盾的原則（如果它們可以被稱之爲原則的話）；因此我們自然想知道它們究竟是什麼，而且會想要探討這些原則據以推論的基礎何來。

我不需要仰賴懷疑主義者長期以來用以欺騙感覺、陳舊的理論，因爲那些從我們不可信賴的感覺中得出的推論，經常使我們走錯方向：物體在水中呈現的曲折外觀、不同距離造成物體的不同樣貌、按壓一隻眼睛而產生雙重影像等以及其他類似的現象。這些懷疑的觀點僅能單就它們本身，用以證明我們的感受，而不能自動受到信任，而且如果我們要把它們當作事實或謬誤的標準，一定要有理由以承擔介於中間性質的事實，以調整它們帶給我們的答案——例如在水中我們只看到一半的槳——物體的距離以及感覺器官的狀態。但是除此之外，還有許多關於反對感覺的論點更深奧難解。

顯而易見的，人類天性的、直覺性的傾向相信我們的感受，並且毫無推論——確實，幾乎在使用任何理性之前——我們認爲世上有一個外在的宇宙並不需要仰賴我們對它的感覺，而且在尚未偵測到任何生物，或假如我們全都消失了的情況之下，這個宇宙事實仍然存在。即使是動物也由這種相似的意念主宰，而且在外部事物中，也會維持牠們所有的想法、規劃和行爲。

此外，也很清楚的是，當人們跟從這種盲目和有力的本能天性時，他們總是假設那些呈現在他們感覺面前的形象，就是透過外部事物所感受到的，他們不會認爲那些感覺到的形象，僅只是外部事物的表象。這張我們看見的桌子，它白色和堅固的形象，我們認爲獨立存在於我們的感知當中，而且是心靈之外的某種東西察覺到的。我們的存在並未使它存在，而我們的消失也不會使之消失。它依然存在（我們這麼覺得）、完整與不變，獨立於任何察覺它的理性實體或想到它的任何事實之外。

但最無足輕重的哲學已經足以摧毀人類所擁有的基本信念。哲學教會我們印象（或概念）是唯一能呈現在心靈面前的事物，而感覺只能將那些心靈面前的印象帶出，而不能將我們的心靈放入任何直接與外部事物的連結。當我們遠離那張看見的桌子時，它似乎逐漸縮小；但那張眞正的桌子獨立存在在那裡卻未曾改變；因此呈現在我們心靈之前的，並非眞正的桌子，只是我們對它的印象。這些是明顯的理由；沒有人會想過要懷疑當我們說「這棟房子」和「那棵樹」所指涉的東西不過是其他心靈中的看法——稍縱即逝的複製品或其他獨立於我們之外的，不會改變。

因此到那種程度，理性迫使我們牴觸或背離基本的自然天性，並且採取一種關於我們感覺證據的嶄新觀點。這些觀點等於哲學系統根據：我們僅感知印象（形象），而非外部事物；但是外部事物存在，而這些形象代表了它們。但是當哲學試圖證明這個新體系的論述，並提出爲了解決懷疑主義者的反對意見時，它發現自己正處於一個關於尷尬位置：那裡有我們的形象所代表的外部事物存在。哲學再也無法仰賴自然本能是絕對和無法抗拒的這種觀念，因爲那些本能使我們往一種非常不同的系統，這個系統被我們認定是謬誤甚至是錯誤的。而且要證明這個號稱是哲學的系統是由一連串清楚和具說服力的論點支持——或甚至是透過任何論證表達——已經超過任何人能做到的能力。

用何種論點可以證實心靈必定受到外部事物引起而且完美的區別它們和那些與之相像的事物（假如那是可行的），而不是心靈本身的力量，或從一些看不見和未知精神而來，或從其他對我們而言更未知的事物所引起？我們承認所有這些知覺——例如在夢境、瘋癲和其他疾病，實際上並不是由任何外部事物而來，所以我們怎麼可能解釋其他從外部事物來呢？任何情況下，我們全然不能解釋爲何身體可以聽命於心靈的指揮運作，將自己的印象傳達給內在實質上是有著與此截然不同甚至與它本身完全相反的天性。

感官的知覺是從相近的外部事物而來的嗎？這是一個事實的問題。我們該去哪裡尋找這個問題的答案？當然是經驗，就像我們回答許多這類的其他問題一樣。但在這裡，關於這個問題，以經驗來回應並不正確。我們的心靈除了知覺以外，從未有任何東西存在，而且不能經歷過它們和物體之間的連結。因此對這種連結的信念並不具任何根據，因爲推理必須從我們已知的經驗才能開始。

我們可能會試圖透過訴諸上帝的眞實性證明我們的感覺爲眞實，但這對於理論來說卻是朝著一個有些奇怪的方向去，因爲兩個原因：㈠如果我們的感覺容易犯錯，那便暗示著上帝並不誠實，因此我們的感官絕不會誤導我們，因上帝絕不可能騙人。㈡無論如何，一旦外在世界被質疑，我們就沒有任何證據能證實上帝的存在或是祂的屬性。

當這些懷疑主義者探討的愈爲深入，試圖懷疑所有人類知識和研究的問題時，總是會在面對外部結構的問題上迎來勝利。他們可能這麼說：「當你肯定感覺的眞實性時，你是否聽從你的天性和傾向？但當那些天性引導你相信曾經歷過的察覺和印象是外部事物本身，你是否會拒絕這樣的觀點，爲了接受更爲合理的觀念，關於知覺僅是一些外部事物的表象？在那個案例中，你從你的自然傾向和更爲顯著的看法離開，而且仍然無法滿足你的理性，它永遠無法從經驗中找到任何具說服力的論點，以證實知覺與外部事物互相連結。」

另一個懷疑主義思維的線索是，有點像是來自最深層的哲學根基。如果必須挖掘的如此深入，以便找到和推理那種極少數適用於重要研究的內容，那麼這個論點也許仍值得注意。所有近代的問題都同意，一切事物的感覺特質——像是堅硬、柔軟、熱、冷、白、黑等，都僅僅是間接的感受；它們並不存在於這些事物本身（這點爲確認的），而且是沒有它們所代表的外部表象或摹本的心智知覺。如果這被認可爲間接特質，它也掌握那些假設爲主要特質的延展和堅固，那些比起其他的特質，不再被賦予稱之爲「主要的」。延伸的概念純粹來自視野和接觸的知覺，而且假設所有被知覺察覺到的特質比起在物體本身，更是存在於心智，這同樣也是延展的概念，這全然取決於感知的概念，例如第二層的特質。爲了看看什麼是延伸事物，一定要看看顏色；爲了感受延伸，一定要感受堅固或是柔軟。唯一逃離這個結論的方法是假設我們經由抽象的理論，已有那些主要特質的概念；只有斷言第一層屬性的許多概念是從抽象理論得來，才能免除這樣的見解，一旦透過我們的準確考察，將看到無法思考甚至是悖理的那些。延長性既不能碰觸也看不到，因此沒有形成概念的可能。延長性中可以碰觸和可以看得到的，既不是堅硬或柔軟、黑或白，而是同等超乎於人類概念之外的那些。無論是誰試著思考一個普通三角形的概念，既沒有特定長度會等邊比例，那麼他很快就將見到學究派對於抽象和普通概念的所有思想的悖理。②

所以第一哲學（First Philosophy）反對外部事物的見解如下：要是信念出自自然本能即與理性矛盾；而假如歸因於理性，則與自然本能互相矛盾，同時也因爲沒有合理的明證，無法說服一位公正無私的人。第二種反對則更為深入，而且表示這個見解是為了與理性互相矛盾。假如它是理性的一種原理，至少會說所有可察覺的屬性，都是出於心靈而是由於物體。剝奪物質所有的可見屬性，包含它第一層和第二層的屬性，然後你消滅它而且只留下一種神祕、不可以解釋的某件事物當作我們知覺的原因，這一種想法是如此的不完備，因此沒有任何懷疑主義者認為值得反駁。

## 第二部分

懷疑主義者之所以用理論及推論破壞理性，看起來似乎是一種極為狂妄的嘗試，但這是所有懷疑主義者討論和反駁的方法。懷疑主義者嘗試求得種種的反對，以駁倒我們的抽象推理跟關於事實的推理。

他們對於抽象推理最主要的反駁論點，是它們從時間和空間而來的觀念。在日常生活中，以不是很審慎精密的觀點來看，這樣的觀念極其明顯可見，但在經過許多深入的探討之後，可以發現它包含了許多似乎全是充滿悖論和矛盾的原則。那些為了要馴服和制伏人們反叛的理性而創造的神父式的教條中，沒有比無限可分割的延伸學說和結論更能震撼普遍常識的了。這樣的學說是所有的幾何學家和形而上學的哲學家們用來自鳴得意的內容，例如：一個為無限小的實際數量小於任何有限小的數量，而且無限小於它自己本身，以此類推至無限——這是知識像是一座恢弘雄偉的建築，相當的沉重，不是任何一種自稱能證明的學說能支撐起來的，因爲它觸犯了人類理性③最明顯和最自然的原則。

但是它讓這件事更爲離奇的是，就是這種似乎違背常理的見解，有一串非常明顯又非常自然的推理能夠維持，而且我們承認這個前提，就不得不承認它的結論。關於圓形和三角形的本性的所有結論，更沒有其他事物能比它更令人深信、令人滿意的。然而一旦經過承認之後，我們如何能否認圓形和它切線形成的切角，比無論是任何直角都是無盡的小。所以我們雖然可以增加圓徑到無窮盡，而這個切角則變作更小，而且小到無盡，而其他曲線與它切線所切成的切角，則可以無盡之小，而且它小過於無論任何圓形與切線形成的切角，以至於無盡，我們如何能否認？像這樣的許多原理的證明，似乎並無例外，也如證實正三角形的三個角的總數，等於兩個直角總和並不是意外。不過證明之後的下一個命題，則是自然且容易的。證明前面的命題，卻有頗多矛盾和悖理的地方。在這之間，理性似乎已受到迷惑，而停下腳步無法往前。也就是沒有任何一位懷疑主義者的啓蒙，也不能自信。而且不能自信而能立足。理性看到有一片充滿光耀照耀在某處上，但這道曙光與其爲黑暗深遠的地方比鄰，理性在這光明與黑暗之間，受到迷惑，幾乎無法說出關於任何一物是有定性跟有可以實信的性質。

抽象科學中，像這樣大膽結論的荒謬性，它關於時間的理論似乎比延展性更爲引人注目。關於無盡時間的確實部分，能夠在接連經過之後完全消失殆盡，一個接著一個——這顯然是一種矛盾。因爲除非科學證明摧毀了一個人他自身的判斷，而非提出改進的部分，否則他不會相信這件事的說法。

理性既然是受到這樣的悖理和矛盾逼迫，所以位於懷疑主義中，而理性必然不會只滿足於安靜。任何一個明顯和截然不同的觀念，如何能藏有多數環境反對自身的，或反對其他明顯和截然不同的觀念，本來是絕對不清楚的事情。或者它的無理，與任何能造成這樣的主題相同。所以再也沒有其他事物讓人懷疑，或能比懷疑主義自身更令人充滿疑惑。④像這樣的，是從幾何或數量科學的某種像是悖理的事物的結論。

懷疑主義者持有的反對道德的證據，或反對關於事實的推理，或是通俗的、或是哲學的，則來自於人類悟性的自然的薄弱，有如各時代及各國人所存在的矛盾見解。我們的決斷，則會因爲健康與生病時的情況有所不同、少年和老年時的不同、遇到順境或逆境時有所不同；一個人的見解與情操，也經常自相矛盾，此外，也還有許多不同的地方，此處不必再引用。像這樣的許多反對原因，原是薄弱的；因爲在一般的人生中，我們對於事實，沒有不運用理性的，要是不運用這種理論，就沒有存在的可能。由此得來的任何大眾的反對，必定不足以破壞這樣的證據。庇羅主義（Pyrrhonism）或懷疑派的極端原則，是普通人生中動作的工作與執業。這些原則可以在這些學派之中發揚光大並獲得勝利，而且在這些學派之內，原本就難以駁倒，或沒有被駁倒的可能。只是這樣的多數主義，一旦離開可以躲藏的地方，而與它激發我們激情和情操的事物相接，而且和我們的本性更爲具有力量主義或原理面面相覷，就好像煙霧消散一樣。到這樣最有定力的懷疑派也跟一般人沒有差別了。

所以懷疑主義者最奇妙的地方莫過於自守範圍，炫耀他們哲學的反對是來自於哲學的更爲深奧之處。在這個範圍中，就好像有頗可以得勝之處。這個時候的懷疑論者，就有理由能支持他的學說，表明對所有事實，我們的證據出於感覺，或是記性的證據之外，都是完全得自於因果關係；表明除了兩物屢屢相接之外，並沒有這樣關係的其他觀念，我們沒有理據，使我們相信兩物在我們的經驗之間，向來是互相接連的，將來在其他的事例中，也有相同的連接；表明只有習慣或我們本性的某種本能，引領我們做出這樣的推論，除了這個習慣和本能以外，並沒有能引領我們做出這番結論的東西；表明這種推論，實在難以反抗，然而也與其他本能相同，原本是僞妄和欺騙他人的。當懷疑主義者強力支持這樣的學說時，就會顯露他的能力或其實是顯露我們的弱點，似乎只是在這個時間，破壞所有保證跟堅信這樣的理論。假如使吾人能希望有耐久的好處或利益，則也不曾沒有用長篇大論來炫耀的。

對於過分的懷疑主義，我們所堅持的最重要的反對，以及能使它迷亂的反對，就是在於此。當過分的懷疑主義充滿力量和氣勢之時，永不能發生耐久的好處。我們只要問這樣的懷疑主義者說，像你們這樣多數奇怪的研究，究竟想要做什麼？懷疑主義者會立刻手足無措，不知要怎麼答覆。一位哥白尼派或托勒密派的學者，各自堅持不同的天文學主張，本來希望可以發現一種使聽者在心中深信不疑的理論。一位斯多噶學派或伊比鳩魯學派的學者，鋪陳他的多數主義，不單只是耐久或對我們的動作和行爲具有潛力。只是一位無所不疑的學者，必須要承認（若是肯承認無論任何一事）；假使它的多數主義，而能普遍和從容獲得優勝，那麼所有的人類必然會滅絕，假使讓這個主義獲勝，那麼所有的討論、所有的動作，當然立刻會停止，而人類也將處於完全昏睡的境地，以及自然的需要不供應時，人類可憐的生存也將終止。這樣一種致命的傷害，誠然是不必要太過憂慮，因爲自然的力量太大不是主義能敵的。而且一位極端的懷疑論者，雖然能用它深遠的推理，以置其自身或使他人至於一種暫時的驚慌和迷亂的境地，然而第一件及最小的人生事情，就會立刻使所有的懷疑及猶豫、顧忌消失無蹤。而這位懷疑論者，在他每一點動作和思辨之中，仍然故我，與其他每一個學派的哲學家，或向來絕不研究的學者相同。當他從夢境中初醒時，將會是第一位首先加入嘲笑他的自己的群眾之中，而且承認所有的反對，不過只是消遣而已、不過只是表示人類的必要動作推理，跟相信想入非非的情形，它全部反對，並不能有其他趨勢而已。然而人類雖然以最勤勞的研究，對於這些多數工作的基礎，既不能使它讓自己滿意，而對於凡事可以反對它自身的諸多議論，也無法讓它們消除。

## 第三部分

而其中有一種程度較輕的懷疑主義，可能是最爲耐久和有用處的。它可以說是庇羅主義或過分的懷疑主義在無區別的懷疑上，經過常識及反省改正之後的結果。大多數人對於自己的見解很容易自以爲是和武斷，當他們只到看事物的一面，便對於其他持不同論點的看法一無所知，於是偏好承認那些看似與他們看法相符的原則，而且無法容忍與他具有不同觀點的人。這樣的人要是請他暫緩一下、請他比較論點當中的優劣，只會使他感到混亂、消減他的情緒、延緩了他們的動作。所以他們對處於這種情況下會感到很不舒服、不耐煩的想要趕快逃離，而且他們認爲要遠離這種處境——愈遠愈好——就必須要用他狂妄的斷言和堅持己見的信念。可是要是像這樣武斷的推論者，能發覺人類理解的弱點，甚至是知道在理性最爲完備和審愼的情況下，這樣的弱點也是無可避免，如果他們具備這種反省，當然會使他們思想家產生較多謙德，也不會輕易發出誑語，並且減少他們自以爲是的偏見。與未受教育的人相比，博學之士在學習和反思上雖然較具優勢，可是仍對於提出個人見解總是很小心和猶疑。假如任何一位博學的人天生性格傾向於驕傲和固執，只要服下一小部分的像是庇羅主義者的懷疑劑後，也許就會減弱他驕傲的性格。因爲庇羅主義者會告訴他，比起從他們的朋友身上所獲得的少數優勢，要是與人性中固有的普遍困惑和迷亂相比實在多不了太多。簡而言之，凡是一位公正客觀的推理者，都應在所有的觀察和決定之中帶有幾分懷疑、審愼和謙遜。

此外，還有一種較爲溫和的懷疑主義，可以對人有所幫助，也可以是極端主義的懷疑跟顧忌的自然效果。就是說限制我們的研究於這樣許多的主題中，最適合人類理性的狹隘容量的。人們的想像或構想，自然而然是高超的，我們酷愛遙遠和不尋常的東西，進而跑入空間和時間中最爲荒遠的部分，以避免因爲許多受到習慣的影響，而使想像力變得常見和平凡。正確的決斷，就會遵循與這個相反的方法，避免所有深遠高超的事物，限制在自身平常的人生中，包括每日所做、每日的經歷；而把更重要的事情，交給詩人或文學家，任由他們運用文字修飾細述；或交給政治家，任由他們運用巧妙的管理手腕執行。如果想得到有利的決定，那麼最好的方法就是持有對庇羅派的懷疑之力，以及只有用自然天性的偉大力量，這兩者才能夠幫助我們擺脫（習慣），不被世俗的見解所沾染。只有經歷過一次大徹大悟經驗，而且喜愛研究哲學的人，可以繼續研究。

因爲這類的研究者會反省之所以得到這樣的研究結果，不只是從研究中得到領悟的感受，他們更認爲哲學意義的決定沒有別的來源，其實就是從平常人生中那些被改正、變成規則的省思而來。只有這樣的研究者不會被別的事物引誘而使研究脫離平常人生。只要研究者能考慮到人的心靈能力不完備、研究範圍的狹隘，以及行爲的不準確，那麼他的研究結果絕對不會超出正常人生之外。隕石的墜落、火焰的燃燒，我們雖然試驗過一千次，還是不能得出唯一一種能使所有人都滿意的結果。爲什麼隕石墜落的時候必定會起火，這類關於大千世界的誕生，從古至今，以至於到遙遠的未來裡，大自然的地位，哪裡能憑著我們的研究而做出的定論，而能使所有人都認同？我們的研究範圍如此狹隘，其實無論從哪個方面看都是屬於合理的現象。只要考慮到人心的自然能力有限，加上對事物考量的不全面，用人類這樣的能力與要研究的目標互相比較，就可以知道這是合理的。像這樣，我們便能知道科學以及大多數研究的主題是什麼樣子。

大部分的抽象科學及求證的唯一目的，看似就是要讓數量達到極限。而且所有這類嘗試推廣那些看起來較爲完美全面的知識研究，致力於讓研究數據越過多數的界線，只不過是在強加辯解或受困於錯覺而已。因爲數量和數字的組成，是完全相同的道理。多個數之間的關係會變得繁複而彼此糾纏，其中最有用處又最特別的地方，莫過於用各個數之間的數字，透過不同的現象來追蹤它們是相等還是不相等的。只因除了關乎數量與數的其他觀念，都是明顯區別清楚，各不相同的。即使我們用極致而且無法再更加細微的觀察力，也絕對無法得到能超越這樣細微觀察而來的不同點，並且也無法用研究的省思進一步宣稱這個東西不同於另一個東西。如果在大部分的決定之中，有像這樣爲難的地方，這完全是由於名詞不具一定意義。像這樣的例子，就用比較正確的說法改正。幾何數學命題中，有一題是弦的平方等於勾長和股長的平方和（畢氏定理）。不論題目中名詞的確切解釋爲何，如果沒有一連串的推理及研究，那麼這個數學命題也不能被學者們認識。如果有一個主題是說，沒有財產的人就不能做出不正義的事。我們如果想知道這個命題的對錯，其實只需要規定這個命題中所用名詞的解釋，也就是說明不正義就等於是侵犯財產。事實上這個命題不是無懈可擊的，而是一條較不完善的說法。其他用三段論式的推理所做的學問研究都是這樣。只有數量科學及數學除外。我認爲可以安穩地宣稱，數量及數字是建立知識及明確證據的唯一正當理由。

其他研究都只是關於事實，以及世間萬物的事實是明顯而無法證明的。不論什麼事物，像這樣顯而易見的事實，並不能被否定並包含於矛盾。一個事物存在與否的觀念是明顯分別的，無法容許例外。一個主題中，要是斷定沒有某樣事物的存在，不管它的說法如何虛僞荒謬，與斷言有此事物存在的主題相比，並不是不能有及不能想的論點（就是說兩種主題都是可以思考和議論的）。只有那些用於大部分的正當科學研究有所不同。凡是不眞實的主題，都是迷亂及無法思考的。例如六十四的立方根等於十的一半，就是一個不眞實的主題，這個概念絕對是不清楚的。又如說絕對沒有凱撒或神的使者加百列，或任何一個人物，這原本可以是一個不眞實的主題；但卻仍然是可以進行思考，也不含有矛盾的主題。所以一件事物的存在，只能用從原因或結果得來的理論證明，而這類理論大部分是根據人的經驗。

因此，任何事物的存在只能透過其原因或其影響的論證來證明；而這些論據完全基於經驗。如果以先驗來推理，任何事物都可能產生任何事物。根據我們所知道的，一顆小石頭可能會使太陽消失；或一個人許下的願望可以掌控行星在軌道上的運作。只有經驗能告訴我們因果關係的本質和限制，並使我們能夠從另一個物體中推斷出一個物體的存在。⑤

這是事實推理的基礎，它構成了人類知識的更大部分，是所有人類動作和行爲的來源。實際的推理涉及特定事實或普遍事實。日常的實際思維只考慮了前者，就像是歷史學、地理學和天文學。

討論普遍事實的科學是政治學、物理學、醫學、化學等，這些學科研究了所有物種的本質、原因和影響。

神性或理論證實了神的存在和靈魂的永生，所以這部分理論的特定事實和部分一般的事實組成了它。截至目前爲止，它是由經驗所支撐，神學具有理性基礎，但最佳及最爲具體的基礎是信念和神聖的啓示。

道德哲學和藝術批評比起歸類於思想一類，更像是屬於品味和感覺這類領域。美學，無論是道德的或是自然的，比起屬於感知的，更多的是屬於感覺的。若我們理性推論它，而且嘗試修正這些理論的標準，我們必須引入可以推理和探究的事物——例如，關於人類大眾品味的事實。

假如我們走入圖書館，被這些書裡的原則說服，我們可能引起哪些混亂？若是手上拿著任何一本——例如關於神性或各派的形而上學的書，讓我們自問，它是否包含任何有關數量或數字的抽象理論？沒有。它是否包含任何有關實際的眞相和存在經驗性的推理？沒有。那麼就把這些書丟到火堆裡燒毀吧！因爲這些內容只包含了狡辯和幻想。

## 【注釋】

① 第一原則（first principle），又稱第一原理，由亞里斯多德提出的一種哲學和邏輯術語。亦指透過對一個主體的理解，得出一個無法被刪除、省略或違反的命題或假設，這種命題或假設是一種公理，以最爲基本的事實推理，而無法經由其他東西推斷和演繹爲此一理論的精髓。——譯者註

② 這條理論是抄錄自喬治·貝克萊（George Berkeley，一六八五—一七五三年）的著作。這位聰穎的作者的多數作品，是古今哲學家關於懷疑主義的教科書。然而在他的著作首頁，他自稱（應該是實話，沒有什麼可懷疑的）是爲了反對懷疑主義者、反對無神主義者以及自由思想家而作。但是透過他的論點可以知道，雖然當中別有用意，實際上也就是懷疑主義派。從他的理論中無法獲得具有說服力的答案。他這些理論的唯一效果是產生瞬間的困惑和疑惑，而這是懷疑主義造成的結果。——原註

③ 對於數學點（mathematical points），無論有什麼可以爭辯的內容，我們都必須承認物理點（physical points）存在——也就是延展的部分，不能以眼睛或想像力讓它分離，或讓能減小的那種。這樣形象的發現，從我們的突發奇想或感覺中，本來就是不能分開的概念。所以數學家要承認無盡的小，任何延長性的一個實際部分。然而從理性來看，沒有比說一個無限數量的這樣形象必定會成爲一無限的延長性更有定論的了。那些無限小的延展的部分，而這許多部分又被認爲可以再分割爲無限的部分，這是必定出現的事實，這樣又該怎麼說？——原註

④ 我們要是承認並沒有正當的抽象或是普通觀念，在我看來，或許就能夠避免這樣的悖理和矛盾。我們只應承認所有的普通觀念，其實是特別附著在一個普通名詞上。有時則使人追憶其他的特別觀念，在某種情形下，

與從人心所發現的觀念相似。例如我們說馬，我們就立刻會自動摹擬出一個白色或黑色的動物，產生某種身材或形象的觀念。只是因爲這個名詞也向來是能推理到具有其他顏色、樣貌跟身材的動物，這樣的多數觀念，雖然不實行發現在想像之間沒有差別。若是承認這件事（因有理性，所以可以承認），則也要承認數學家所依賴的推理的數量的所有觀念就是特定的思想，像是受到感覺及想像所啓發的。既然不能分而又分至於無盡。此時只要透露這種暗示，也足夠了，不再進一步研究。像這樣喜愛科學的人，都不應該用這多數的結論，自己放於沒有知識的人所譏諷蔑視的地位。這裡討論的內容，似乎是多數較難的內容最爲現成的解決部分。——原註

⑤ 古代哲學中有一句褻瀆神明的格言：「無中不能生有，無因則無果」。這句話意思便是消除了一種安全的原則，排除了物質的創造。不只是至高無上的上帝會創造物體，而且我們所有知道的其他事物的先驗知識也會，甚至任何其他最奇特想像而來的原因也能如此。——原註

# 休謨年表

David Hume, 1711-1776

| 年代 | 生平紀事 |
|---|---|
| 一七一一 | 五月七日出生於蘇格蘭的愛丁堡。 |
| 一七一三 | 休謨三歲，父親過逝，母親扶養三個小孩。 |
| 一七二三 | 進入愛丁堡大學就讀，進而發現自己真正喜愛的是哲學。 |
| 一七二九 | 在哲學方面的研讀成果讓休謨決心「拋開一切尋歡作樂或其他志業，完全奉獻在這個領域上」。有了「思想的新圖像」，構想《人性論》（*A Treatise of Human Nature*）一書。 |
| 一七三四 | ．前往英格蘭的布里斯托經商。<br>．將名字由休姆（Home）改為休謨（Hume）。<br>．經商失敗後，旅居法國，隱居在拉弗萊什，並著手寫作《人性論》。 |
| 一七三七 | 完成《人性論》一書，並由法國回到英國倫敦。 |
| 一七三九 | 出版《人性論》第一、二卷。 |
| 一七四〇 | 出版《人性論》第三卷。 |
| 一七四一 | 出版《道德與政治論文集》（*Essays, Moral and Political*）的第一部分。 |

| | |
|---|---|
| 一七四五 | 申請愛丁堡大學倫理學與精神哲學講座教授被拒後，獲邀擔任安南岱爾侯爵府的家庭教師，並開始撰寫《英格蘭史》（*The History of England*），該書從一七五四至一七六二年分成六冊發行。 |
| 一七四八 | 出版《人類理智研究》（*An Enquiry Concerning Human Understanding*）。<br>・申請格拉斯哥大學邏輯講座教授仍被拒絕。 |
| 一七五一 | ・《道德原則研究》（*An Enquiry Concerning the Principles of Morals*）一書出版。 |
| 一七五二 | ・回到愛丁堡擔任蘇格蘭律師公會圖書館管理員。<br>・《政治論文集》（*Political Discourses*）一書出版。 |
| 一七六一 | 梵諦岡將其著作列入禁書名單。 |
| 一七六三 | 前往巴黎，擔任英國駐法公使的私人祕書。 |
| 一七六九 | 回到愛丁堡定居。 |
| 一七七六 | 八月因癌症逝世。 |
| 一七七九 | 遺作《自然宗教對話錄》（*Dialogues Concerning Natural Religion*）出版。 |

# 索引

## 二畫



## 三畫



## 四畫



## 五畫



## 六畫

## 十四畫



## 十六畫



## 十九畫



## 二十三畫



## 二十五畫

經典名著文庫 124

# 人類理智研究

## An Enquiry Concerning Human Understanding

作　　者 —— 休　謨（David Hume）
譯　　者 —— 黃懷萱
發 行 人 —— 楊榮川
總 經 理 —— 楊士清
總 編 輯 —— 楊秀麗
文庫策劃 —— 楊榮川
本書主編 —— 黃文瓊
責任編輯 —— 吳雨潔
特約編輯 —— 張碧娟
封面設計 —— 姚孝慈
著者繪像 —— 莊河源
出 版 者 —— 五南圖書出版股份有限公司
地　　址 —— 臺北市大安區 106 和平東路二段 339 號 4 樓
電　　話 —— 02-27055066（代表號）
傳　　眞 —— 02-27066100
劃撥帳號 —— 01068953
戶　　名 —— 五南圖書出版股份有限公司
網　　址 —— https://www.wunan.com.tw
電子郵件 —— wunan@wunan.com.tw
法律顧問 —— 林勝安律師
出版日期 —— 2020 年 8 月初版一刷
　　　　　　2024 年 3 月二版一刷
定　　價 —— 350 元



**國家圖書館出版品預行編目資料**

人類理智研究 / 休謨(David Hume)著;黃懷萱譯. -- 二版.
-- 臺北市: 五南圖書出版股份有限公司, 2024.03
面;公分. -- (經典名著文庫;124)
譯自:An Enquiry Concerning Human Understanding.
ISBN 978-626-366-886-7 (平裝)

1.CST: 休謨(Hume, David, 1711-1776)
2.CST: 學術思想　3.CST: 哲學

144.47　　112021328